Mon beau Far West

DU MÊME AUTEUR

Je voulais te parler de Jeremiah, d'Ozélina et de tous les autres..., Éditions Hurtubise HMH, 1967 ; Libre Expression, 1994.

Les Hirondelles, Éditions Hurtubise HMH, 1973 ; Libre Expression, 1995.

Cap-aux-Oies, Libre Expression, 1980, 1991 en édition illustrée, 2004 dans la collection Zénith.

Giriki et le prince de Quécan, Libre Expression, 1982.

Montréal by Foot, Les Éditions du Ginkgo, 1983.

Oka, Les Éditions du Ginkgo, 1987.

Promenades et Tombeaux, Libre Expression, 1989, 1996 en édition illustrée, 2004 dans la collection Zénith.

Gabzou, Libre Expression, 1990.

L'Île aux Grues, Libre Expression, 1991.

Lise et les trois Jacques, Libre Expression, 1992.

Géographie d'amours, Libre Expression, 1993.

Bonjour, Charles !, Libre Expression, 1994.

Le Fleuve, Libre Expression, 1995.

Ladicte coste du nort, Libre Expression, 1996.

Stornoway, Libre Expression, 1996.

Les Terres Rompues, Libre Expression, 1997.

Chère chair, Libre Expression, 1998.

Les Montérégiennes, Libre Expression, 1999.

Hivers, Libre Expression, 1999.

Les Escapades de Jean O'Neil, Libre Expression, 2000.

Le Livre des Prophètes, Libre Expression, 2000.

Le Roman de Renart, Libre Expression, 2000.

Entre Jean, correspondance 1993-2000 avec Jean-Paul Desbiens, Libre Expression, 2001.

Les Nouvelles Escapades de Jean O'Neil, Libre Expression, 2004.

Collectifs

«Poèmes», dans *Imagine..., science-fiction, littératures de l'imaginaire*, n° 21 (vol. V, n° 4), avril 1984.

«Le Temps d'une guerre», récit, dans *Un été, un enfant*, Québec/Amérique, 1990.

«L'Amour de moy», récit, dans *Le Langage de l'amour*, Musée de la Civilisation, 1993.

Gilles Archambault, collection Musée populaire, Éditions Ciel d'images, 1998.

Les Escaliers de Montréal, album photographique de Pierre Philippe Brunet, Éditions Hurtubise HMH, 1998.

L'Île Sainte-Hélène, album photographique, Éditions Hurtubise HMH, 2001.

Un œil de Chine sur le Québec, album photographique de Deke Erh, Shanghai et Hong Kong, Old China Hand Press, 2001.

Les Couronnements de Montréal, album photographique, Éditions Hurtubise HMH, 2002.

Théâtre (non publié)

Les Bonheurs-z-essentiels, Théâtre de l'Estoc, 1966.

Les Balançoires, Théâtre de Quat'Sous, 1972.

Jean O'Neil

Mon beau Far West

Récits

Libre Expression
QUEBECOR MEDIA

Catalogage avant publication de Bibliothèque et Archives Canada

O'Neil, Jean

  Mon beau Far West

  Comprend des poèmes.

  Comprend des réf. bibliogr.

  ISBN 2-7648-0064-9

  1. Abitibi (Québec: Région) - Miscellanées. 2. Abitibi (Québec: Région) - Histoire - Anecdotes. 3. Abitibi (Québec: Région) - Biographies. I. Titre.

FC2945.A26O53 2005   971.4'13   C2005-940069-2

Tous les efforts possibles ont été déployés pour retracer les auteurs de l'illustration de la couverture de cet ouvrage, mais sans succès. Les éditeurs apprécieraient toute information à cet égard.

Directeur littéraire
ANDRÉ BASTIEN
Maquette de la couverture
FRANCE LAFOND
Infographie et mise en pages
ÉDISCRIPT ENR.

Les Éditions Libre Expression remercient le ministère du Patrimoine canadien, le Conseil des arts du Canada, la Société de développement des entreprises culturelles du Québec (SODEC) et le Programme de crédit d'impôt du Gouvernement du Québec du soutien accordé à leur programme de publication.

Les Éditions Libre Expression
7, chemin Bates
Outremont (Québec) H2V 4V7

Dépôt légal
2ᵉ trimestre 2005

ISBN : 2-7648-0064-9

À Claire,
Carole, André,
Viviane, René,
Lise et Jean-A.,
ainsi qu'à Ennio Moricone
pour ses musiques de films
qui m'ont toujours séduit,
y compris, bien sûr, celle de
Il était une fois dans l'Ouest.

Merci à l'Association touristique régionale de l'Abitibi-Témiscamingue ainsi qu'au magazine *Géo Plein Air* qui ont partiellement défrayé quelques-uns de mes voyages dans *Mon beau Far West*.

Table

Avant-propos

Ces récits sont, le plus souvent, écrits à la première personne du singulier.

Le singulier, c'est moi.

1

Au bord de la route

J'aime beaucoup voyager en emportant dans mon sac ce fin observateur et admirable conteur qu'est Samuel de Champlain. Sept heures du matin, un dimanche de fin juillet. Les bagages étaient faits depuis la veille et déjà rangés dans la petite auto rouge qui ne demandait qu'à démarrer et s'en aller. S'en aller où ? Sur la route de Samuel de Champlain lui-même, quand il décida d'explorer le pays à l'ouest de Montréal, Montréal qui ne s'appelait pas encore comme ça, pays qui commençait par un lac, plus tard dit des Deux Montagnes, et qui était l'aboutissement d'une rivière dite des Outaouais, venue des confins du bouclier canadien à force de rapides pour s'étaler béatement dans la plaine du Saint-Laurent. Embraye, mon minou, on s'en va sur la route de Samuel de Champlain. Avec nul autre que lui, lui qui la faisait en canot. Nous la ferons en auto. Je dis nous, non par pluriel de respect pour moi-même, mais par une curieuse présence qui s'est imposée à moi en des circonstances invraisemblables et qui m'a tout expliqué

13

de ce que je cherchais à comprendre sur ces routes de mon pays que je ne connaissais pas encore.

La route passe d'abord à Vaudreuil, patrie de l'historien Lionel Groulx, héros national que je méprise assez merci. Historien méticuleux et documentaliste remarquable, il a mis ses recherches au service d'une idéologie qui papote sur des rêves brisés, source d'une frustration méticuleusement entretenue, une histoire qui ne raconte à peu près rien de l'ardeur, de la grandeur et de la roublardise rabelaisienne des fondateurs de cet immense pays, de leur descendance non plus, une histoire doublée d'une idéologie misérabiliste qui a empoisonné plusieurs générations de compatriotes patriotes dans leur fond de culotte.

Heureusement, la route passe vite et ledit chanoine est bien vite loin derrière.

Elle court, la route, sur les anciens fonds de la mer de Champlain, plaine immense, riche, rentable et ennuyeuse où les fermes vous regardent passer en se demandant où vous allez, elles qui restent là.

Au-delà de Rigaud, dont la montagne est un divertissement agréable, surtout si on arrête y voir son champ de patates, une moraine déposée quand le glacier s'est soulagé les intestins il y a douze mille ans, mais qui, plus vraisemblablement, est un champ ensorcelé par Satan parce que l'habitant l'avait labouré de connivence avec lui, pendant la messe du dimanche.

Au-delà de Rigaud, la route se glisse dans les terres grasses d'une autre province, l'Ontario. On ne s'en apercevrait jamais, sans la proclamation qu'en font les panonceaux et sans le kiosque d'accueil bourré de documents pour une armée de touristes, kiosque tenu, en ce dimanche matin, par une hôtesse des plus gentilles, qui se plie à tous les points d'interrogation avec un sourire égal à celui du soleil.

– Je voudrais remonter l'Outaouais jusqu'à Mattawa et de là gagner le Témiscamingue, mais je veux aussi m'arrêter à Ottawa pour voir les œuvres de Gustav Klimt à la Galerie nationale.

– Voici, monsieur ! Vous entrez à Ottawa par ici et vous en ressortez par là. Je vous fais un dessin sur la carte et je vous souhaite un bon voyage.

Que le monde est merveilleux en ces petits matins frais et pimpants où la route n'appartient qu'à vous seul et où les guides esseulées sont heureuses de vous rendre service.

Farci de cartes et de renseignements, je regagne la bagnole pour foncer sur Ottawa, quand je vois cette jeune et jolie personne faire du stop au bord de la route. Trop heureux d'ajouter de la compagnie pour la longue platitude de deux heures qui m'attend, je m'empresse de la prendre à bord.

– Allez-vous jusqu'à Mattawa ?

– Zut de zut ! Vous ne pouviez mieux tomber, je m'en vais justement jusque-là.

Elle monta, me dit merci, s'installa et resta longtemps sans voix. Je ne crois pas qu'elle se fût parfumée, mais elle sentait bon dans l'auto et c'était déjà un plus.

Je me souviens qu'à la jonction de Hawkesbury elle dit soudain, sans répondre à la moindre question du monsieur moi-même qui respectait son silence :

– Je m'appelle Mélodie.

– Grand bien vous fasse, lui répondis-je, et il s'ensuivit un autre long silence.

Hawkesbury est l'endroit où mon ami Hicham est chef moniteur au club de vol à voile et je lui dis bonjour in petto, regrettant de ne pouvoir faire tout ce trajet en planeur au-dessus des secrets de la rivière, car, en plus d'avoir pris Mélodie à bord, je voyage toujours avec notre ami Samuel de Champlain, impassible sur la banquette arrière, et c'est beaucoup de monde pour un planeur.

Ce Samuel de Champlain, voilà bien un admirable voyageur s'il en est, et combien souvent j'ai eu plaisir à l'accompagner par monts et par vaux dans cette Nouvelle-France dont il est le père et qu'il explorait à pied tout autant qu'en canot, toujours à l'aise parmi ses amis hurons ou algonquins, «algommequins», disait-il, auprès de qui il s'était formé des interprètes comme Étienne Brûlé, le premier coureur – et courailleux – de bois, ainsi que le capucin Nicolas Sagard. J'ai même eu le privilège de le voir partir de Honfleur à bord du *Don-de-Dieu*, un matin de mai 1958, alors que je me dirigeais vers Le Havre et que je quittais la France le lendemain à bord du *Saxonia* de la Cunard, pour suivre le Saintongeais jusqu'à Québec, exactement trois cent cinquante ans après qu'il y eut construit son *Habitation*, fondé la ville et entamé l'établissement du pays.

Personnage énigmatique, évidemment, que ce Champlain qui ne parle que rarement de sa vie personnelle mais qui est disert sur tout autre sujet, comme le récit de ses explorations, la géographie du pays, les particularismes de ses habitants, les uns dont il se fait des alliés et les autres, des ennemis, qui furent les hauts et les bas de ses entreprises. Il aura ses admirateurs et ses détracteurs, tout autant chez les Européens que chez les Amérindiens et, au total, c'est un homme que j'aime. Un de ses biographes, Morris Bishop, le décrit comme étant maigre et nerveux, d'une taille inférieure à la normale, ce qui n'est pas pour m'en éloigner. Son historiographe quasi officiel, Marcel Trudel, écrit ceci dans le *Dictionnaire biographique du Canada* : «Champlain n'a de l'humaniste ni le souci de peindre l'homme, ni la méditation profonde, ni le style raffiné. C'est un homme d'action, géographe et ethnographe, qui raconte ce qu'il a fait et ce qu'il a vu comme on rédige une œuvre d'information.»

Mon admiration est à l'égal de l'ensemble de ses travaux, extraordinaire, lui qui traversa vingt et une fois l'Atlantique pendant les soixante-cinq ans de sa vie, âge auquel j'accède en ne l'ayant traversé que quatre fois, sans regret ni désir, et dans des conditions autrement confortables que les siennes. C'est dans des conditions identiques que je l'ai suivi dans toutes les rues et les intrigues politiques de sa ville, dans ses expéditions vers le lac qui porte son nom, vestige de la mer éponyme. J'ai parloté souvent et transigé de bien loin avec les descendants de ses Amérindiens. Au retour d'une de ses expéditions guerrières contre les Iroquois, je l'ai vu abattre de sang-froid un vaincu que ses amis hurons, vainqueurs, ne cessaient de torturer.

– Racontez donc, monsieur de Champlain, je suis certain que mademoiselle Mélodie aimerait vous entendre.

– Oui! Oui!

«Après avoir fait quelque 8. Lieuës, sur le soir ils prindrent un des prisonniers, à qui ils firët une harägue des curautéz que lui et les siës avoyent exercees en leur endroit, sans avoir aucun esgard, et qu'au semblable il devait se resoudre d'en recevoir autant, et luy commanderent de chanter s'il avait du courage, ce qu'il fit, mais avec un chant fort triste à ouyr.

«Cependant les nostres allumèrent un feu, et comme il fut bien embrasé ils prindrent chacun un tison, et faisoient brusler ce pauvre miserable peu à peu pour luy faire souffrir plus de tourmens. Ils le laissoient quelques fois, lui jettät de l'eau sur le dos: puis lui arracherët les ongles, et luy mirent du feu sur les extremitéz des doigts et de son membre. Apres ils lui escorcherent le haut de la teste, et luy firent degoutter dessus certaine gomme toute chaude : puis luy percerët les bras prés des poignets, et avec des bastons tiroyent les nerfs et les arrachoyent à force : et cöme ils voyoient qu'ils ne les pouvoyent avoir, ils les couppoyent. Ce pauvre miserable jettoit des cris estranges, et me faisoit pitié de le voir traitter de la façon, toutesfois avec une telle constance, qu'on eust dit quelques fois qu'il ne sentoit presque point de mal.

« Ils me sollicitoyent fort de prendre du feu pour faire de mesme eux. Je leur remonstrois que nous n'usions point de ces cruautéz, et que nous les faisions mourir tout d'un coup, et que s'ils vouloyent que je lui donnasse un coup d'arquebuze, j'en serois content. Ils dirët que non, et qu'il ne sentiroit point de mal. Je m'en allay d'avec eux, comme fasché de voir tant de cruautéz qu'ils exerçoiënt sur ce corps. Comme ils virent que je n'en estois content, ils m'appelerent et me dirent que je luy donnasse un coup d'arquebuse : ce que je fis, sans qu'il en vist rien ; et luy fit passer tous les tourmens qu'il devoit souffrir, d'un coup, plustost que de le voir tyranniser. »

En pensera qui voudra, mais il était comme ça, sans avoir inventé le Rwanda, le Kosovo, Israël, la Palestine, la place Tianan'men, New York, l'Afghanistan, l'Irak, les États-Unis et autres lieux charmants de notre civilisation.

Très souvent, il fut aussi la victime de sa curiosité, ce en quoi je ne l'imitai jamais, Dieu m'en garde, comme il me garde de toute menterie. Mais voici l'histoire de son oiseau, après une chasse au cerf très fructueuse avec ses amis amérindiens, et qui dura trente-huit jours dans les bois autrefois huroniens, aujourd'hui ontariens, entre les lacs Huron et Simcoe.

« Voilà comme nous passâmes le temps attendant la gelée, pour retourner plus aysément, d'autant que le païs est marescageux. Au commencement que l'on estoit sorty pour aller chasser, je m'engagis tellement dans les bois pour poursuivre un certain oyseau qui me sembloit estrange ayant le bec approchant d'un perroquet, et de la grosseur d'une poulle, le tout jaune, fors la teste rouge, et les aisles bluës, et allait de vol en vol comme une perdrix. Le désir que j'avais de le tuër me fist le poursuivre d'arbre en arbre fort longtemps, jusques à ce qu'il s'envolla à bon escient, et en perdant toute esperance je voulus retourner sur mes brisées, où je ne trouvai aucun de nos chasseurs, qui avoiët tousiours gaigné païs, jusques à leur clos, et taschant de les attrapper, allant ce me sembloit droict où estoit ledit clos, je me treuvay égaré parmy les forests, allant tantost d'un costé, tantost de l'autre, sans me pouvoir recoignoistre, et la nuit venant me contraignit de la passer au pied d'un grand arbre, jusques au lendemain où je commençoy à faire le chemin jusques sur les trois heures du soir, où je rencontray un petit estang dormant, et y aperçeus du gibier que je fus gyboyer, et tuay trois ou quatre oyseaux qui me firent grand bien, d'autant que je n'avois mangé aucune chose. Et le mal pour moy qui durant trois jours il n'avoit fait aucun soleil, que pluye et temps couvert, qui m'augmentait mon desplaisir. Las et recreu, je commençay à me reposer, et faire cuire de ces oyseaux pour assouvir la faim qui commençoit à m'assaillir cruellement, si Dieu n'y eust remedié : Mon repas pris, je commençay à songer en moy ce que je debvois faire, et prier Dieu qu'il me donnast l'esprit, et le courage, de pouvoir supporter patiemment mon infortune, s'il fallait que je demeurasse abandonné dans ces déserts, sans conseil, ny consolation, que la bonté et miséricorde Divine, et néantmoins m'évertuër de retourner à nos chasseurs. Et ainsi remettant le tout en sa miséricorde, je repris courage plus que devant, allant çà et là tout le jour, sans m'apercevoir d'aucune trace, ou sentier, que celuy de bestes sauvages, dont j'en voyois ordinairement en bon nombre. Je fus contraint de passer icelle nuict, et le mal pour moy estoit que j'avois oublié de porter sur moi un petit cadran qui m'eust remis en mon chemin, à peu près.»

Quiconque ne s'est jamais perdu en forêt peut rire à volonté. D'autres se souviendront de pareilles angoisses pour avoir pourchassé toutes sortes d'oiseaux et d'oiselles en toutes sortes de forêts.

À n'en pas douter, ce bel oiseau était le petit butor d'Amérique, *Ixobrychus exilis*, selon la classification de Linné, inventée un siècle plus tard, beaucoup trop tard pour que Champlain ne s'y retrouve sans l'aide de Dieu.

Ce cher homme, je l'avais suivi en bien des endroits, sauf qu'il me restait à remonter la rivière des Outaouais avec lui. Oh! j'en avais fait des bouts, de-ci, de-là. J'avais vu la mer bleue, ce mirage brumeux de flore et d'insectes sur une passerelle qui flotte parmi les restes préhistoriques d'un bras de la rivière, rivière morte en ces lieux par l'exhaussement du continent qui n'en retient que les humeurs marécageuses, d'un vert bleu ou gris, selon le temps du temps ou le temps de l'observateur, lui-même bleu ou gris, qui peut, à volonté, imprimer son pied dans ces tourbes quasi éternelles qu'il respectera plutôt, s'il est de bienséance.

Je l'avais suivi derrière la chute qu'il nomma Rideau, à son voyage de 1613, parce que le voile d'eau masquait une caverne d'où les Amérindiens traquaient leurs ennemis de passage et les gratifiaient d'une volée de flèches mortelles quand les fourrures de leurs canots leur semblaient bonnes à prendre.

Il me restait à remonter le reste de la rivière Outaouais avec lui. Ce fut d'une pleurante banalité et je ne l'admirai que davantage. Mais il me fallait d'abord remonter toute une tranche de passé.

– Vous êtes à la trace de Champlain ?

Cette soudaine Mélodie !

Elle brisait le silence ainsi que ma méditation et combien je fus estomaqué qu'elle ait tout lu de mes pensées. Elle avait d'abord toussoté discrètement pour indiquer sa présence à mes côtés, moi qui me croyais encore seulâtre avec mon fantôme préféré. Elle se mit à intervenir à tout propos, d'abord pour me montrer combien cette route était plaisante avec ses fermes plates où des étalons percherons immobiles, tête-bêche, s'agitaient la queue pour chasser les mouches de la tête de l'autre, ensuite pour me dire que ce n'était plus la peine de regarder puisque j'avais la tête dans un autre univers.

– Vous ne m'avez pas répondu. Vous êtes à la trace de Champlain ?

– Heu, oui ! Qui vous l'a dit ?

– Vous-même, sans vous en apercevoir.

– Mais je ne vous ai rien dit !

– Je sais lire entre les oreilles.

– Ah bon ! Et que vous ai-je dit d'autre ?

– Que vous alliez d'abord arrêter à la Galerie nationale des arts, à Ottawa, pour jeter un coup d'œil sur l'exposition de Gustav Klimt.

– Vous en savez, des choses !

– Oui, quand on me les dit comme vous faites. Mais je vous préviens que vous serez déçu par monsieur Klimt. Ce n'est pas un peintre selon votre cœur.

Ma foi ! cette Mélodie devenait une compagne selon mon cœur, elle qui s'était invitée et qui m'accompagnait, heureusement sage dans l'automobile, sensible aux distances comme à l'instantanéité des paysages qui vous distraient de la route à suivre, navigatrice impeccable dans le foisonnement ou l'absence d'informations piquées le long des autoroutes et des mauvais chemins.

Cette soudaine Mélodie !

Elle se mit alors à me parler de Klimt et des merveilles de son art.

– Rompant avec l'académisme viennois, il a totalement innové dans l'extravagance des couleurs et des mises en forme. C'est le peintre des peintres et vous êtes beaucoup trop sot pour l'apprécier.

Ottawa est une ville assez magnifique dans la nonchalance de son insignifiance et nous y arrivâmes trop tôt.

Klimt, en effet ! Couleurs somptueuses, mignardises innombrables dans le vêtement, l'ornementation et le décor superfétatoire.

Quel doigté pourtant, dans ces crayons d'une femme endormie, et de toutes les autres qui se masturbent !

Oh ! comme je voudrais dessiner encore. J'y excellais, enfant, mais j'ai abandonné chemin faisant et me voici béat d'admiration, non, étourdi d'étrangetés devant ce lointain inconnu qu'une publicité monstre nous invite à découvrir.

Mince découverte au bout du compte. Klimt est moins attentif à la création qu'à la rupture avec les peintres de son époque. Il en faut pour rompre et d'autres pour créer. Klimt me rappelle un certain Borduas qui a tout cassé sans créer quoi que ce soit de bien significatif.

Où suis-je dans cette galerie nationale de mon pays ? Je suis ailleurs et c'est très bien ainsi, car on m'y rappelle que l'ailleurs est tellement plus omniprésent que l'ici, l'ici où je mijote en moi-même et en deuil, alors que Klimt, à Vienne, fait la Sécession à grands coups de tambour, de facéties et de prestidigitation.

Bravo, Klimt, et bravo, la Galerie nationale du Canada. Je vous laisse à vous-mêmes et je repars le long de l'Outaouais avec Samuel de Champlain, non sans être allé lui montrer sa statue sur la pointe Nepean qui avance au-dessus de la rivière. Et ne le voilà-t-il pas pris d'un grand fou rire.

– Plaît-il?

– Ce sculpteur! Quel ignare sculpteur m'a sculpté l'astrolabe à l'envers?

– Vous dites?

Merveilleuse ville que celle d'Ottawa où l'on se perd en essayant de se retrouver, à tous points de vue s'entend.

J'y ai même perdu Mélodie et j'en suis plutôt tristounet, quand j'entends soudain sa jolie voix sur la route de Pembroke.

– Je suis là, vous savez.

En effet, elle est soudainement réapparue sur la banquette, un sourire moqueur entre les oreilles.

– Vous avez aimé Klimt?

– Il m'a surtout étonné et je suis heureux de ne m'être pas attardé.

– Et nous allons où, maintenant?

– Nous remontons l'Outaouais jusqu'à Mattawa. Ne vous l'ai-je pas dit la première fois où vous êtes montée à bord?

– Nous remontons l'Outaouais ou la Transcanadienne?

– Je vous ferai remarquer que nous sommes en auto et non en canot. Sur la Transcanadienne, ça va mieux en auto. Mais nous verrons sans doute l'Outaouais par-ci, par-là.

– Vous ne la verrez pas!

– Ah non?

– Pas du tout!

– Non mais, vous en savez des choses!

– Je sais tout.

– Non. Vous ne savez même pas qui est là, sur la banquette arrière, qui m'accompagne et me guide.

– Vous êtes drôle! C'est monsieur de Champlain lui-même qui m'a suggéré de faire le voyage avec vous.

– Mais voyons donc! Quelles sont toutes ces histoires?

– Ce sont celles que vous vous inventez, cher monsieur. Il n'y a pas plus de Champlain que de Mélodie dans votre auto.

Je ralentis pour stationner un moment sur l'accotement.

– Allons, chère Mélodie, descendez, je vous prie. Ça me fera une obsession de moins.

– Pas du tout. J'y suis, j'y reste, et n'ayez pas honte de vos obsessions. Je vous quitterai à Mattawa pour continuer avec monsieur de Champlain. Je dois l'accompagner sur la rivière Mattawa jusqu'au lac Nipissing et de là jusqu'au lac Huron par la rivière des Français.

J'arrêtai à Petawawa pour faire le plein d'essence et manger un sandwich aux tomates en plastique – Champlain était sidéré et Mélodie riait à cœur fendre – dans un Tim Horton plein à craquer en ce dimanche après-midi. Premier contact avec de vrais Ontariens ordinaires. Polis, gentils, guère différents des Québécois et pourtant oui, un peu, mais je n'allais pas m'attarder à définir la différence.

Je constatai surtout que Mélodie avait parfaitement raison et que je ne voyais jamais la rivière. Je me gardai bien de le lui dire, sachant, par son sourire ironique, qu'elle avait tout deviné. D'Ottawa à Mattawa sur la Transcanadienne, 282 kilomètres sans le moindre casse-croûte, le moindre poste d'essence, la moindre halte routière. Pour la plus petite nécessité, il faut quitter la route à l'annonce des villes et des villages. À vrai dire, 282 kilomètres de silence, car je n'osais plus poser la moindre question non plus qu'avancer la moindre hypothèse. Des épinettes, des rochers, une rivière par-ci, par-là, et que vienne Mattawa pour l'amour du ciel.

Or, il y avait fête dans la rue principale à Mattawa. Des camions de pompiers bloquaient la place et imposaient un détour dans lequel je me serais perdu sans les instructions de Mélodie qui me conduisit jusqu'à la jonction de la route 533.

– Temiscaming, *please, Sir*, demandai-je à un pompier qui fumait.

– *Thataway, Mister Man*, répondit-il en tendant le bras vers le plus obscur de la forêt, sans détourner la tête, tout attentif aux festivités.

Mélodie et Champlain en profitèrent pour me quitter, lui s'excusant de ne pouvoir m'accompagner en des lieux qu'il ne connaissait pas et Mélodie riant à gorge déployée devant mon embarras.

– Allez, coquine, et que je ne vous revoie plus.

– Je vous reviendrai et vous en serez très content.

La route de Mattawa à Témiscaming est plutôt un serpent qui se tortille entre les lacs et les collines. Sur ses 52 kilomètres, la voirie a fait une économie de pancartes en affichant simplement ici et là un tortillage avec la mention 8, 11 ou 15 km. C'est du sport à faire de jour de préférence au vendredi soir quand la jeunesse de tous âges fête le début du week-end de la brunante jusqu'à l'aube. Au bout de l'épreuve, l'usine de Tembec vous saute en pleine face, bleue, belle et compliquée. J'allais la visiter un autre jour, car, enfin rendu au Témiscamingue, je n'avais rien de plus pressé que de filer sur Ville-Marie, au bord du lac. J'étais crevé mais j'étais rendu et j'avais hâte au lendemain pour commencer mes petites explorations.

2

La courtepointe du souvenir

Jeudi, 13 septembre 1759. Sans doute était-ce une belle journée de fin d'été, sinon les chroniqueurs nous l'auraient dit. Encore faut-il préciser qu'ils avaient la tête ailleurs. À l'aube, on s'aperçut que le général James Wolfe, un salaud s'il en fut jamais, avait aligné 4 825 hommes sur les plaines d'Abraham.

Pourquoi un salaud? Incapable de prendre pied sur les hauteurs de Québec, il incendiait les campagnes de l'île d'Orléans et des deux rives du Saint-Laurent pour affamer la population. «Les droits de la guerre sont connus, disait-il, et l'entêtement d'un ennemi justifie les moyens dont on se sert pour les mettre à la raison.»

La veille de la bataille des plaines d'Abraham et de sa mort, le général de trente-deux ans récitait les vers de Thomas Gray, *Elegy Written in a Country Churchyard*, et disait qu'il aurait préféré écrire ces vers plutôt que de prendre Québec. Pauvre petit chou malmené par le destin!

Il ne manquait pas de salauds, d'ailleurs, sur le théâtre des opérations. L'un des plus notables était

Louis Du Pont Duchambon de Vergor, petit copain de l'intendant François Bigot, tous deux docteurs ès crapuleries et manigances. Le 16 juin 1755, alors qu'il était commandant du fort Beauséjour en Acadie, il s'était rendu au général britannique Robert Monckton presque sans coup férir.

Dans la nuit du 12 au 13 septembre à Québec, il dirigeait un poste de garde sur les hauteurs qui dominent l'anse au Foulon. Deux soldats du Royal-Roussillon avaient trahi la patrie en faisant savoir à Wolfe qu'il fallait mettre pied à terre à l'anse au Foulon et qu'ils s'occupaient des sentinelles. Quand les premiers Anglais mirent pied sur les plaines d'Abraham, ils bredouillèrent un mot de passe aux sentinelles et près de cinq mille hommes purent s'installer en ordre de bataille avant l'aube. Décidément, Vergor n'était pas un grand batailleur. Il avait passé la nuit endormi à son poste, mais au petit matin, brave comme pas un, il courut vers la ville pour donner l'alerte et, bien à l'abri, il ne reparut jamais sur le champ de bataille. Il mourut dans son lit en Saintonge, en 1774. Un de ses fils se réfugia au Canada en 1794 sous le régime de la Terreur. La bravoure était de famille, quoi!

Le marquis Pierre de Rigaud de Vaudreuil de Cavagnial, gouverneur de la Nouvelle-France, était convaincu que Wolfe tenterait un débarquement au pied de la falaise des plaines d'Abraham, soit à l'anse des Mères, soit à l'anse au Foulon. C'en était assez pour que Louis-Joseph marquis de Montcalm pense automatiquement le contraire et, ce matin-là, il patrouillait la côte à Beauport. Un débarquement à Beauport eût été des plus faciles, mais Wolfe savait qu'il y était bien attendu. Par contre, il devinait que Montcalm ne l'attendrait jamais sur les hauteurs qui dominent l'anse au Foulon. À un conseil de Vaudreuil,

Montcalm avait répondu : «Il ne faut pas croire que l'ennemi ait des ailes pour, la même nuit, traverser, débarquer, monter des rampes rompues et escalader : d'autant que, pour la dernière opération, il faut porter des échelles.»

Bref, le torchon brûlait entre le gouverneur général et le lieutenant général des armées en Nouvelle-France, et Vaudreuil, bien malgré lui, fit une fatale erreur. Il rédigea un billet apprenant à Montcalm que les Anglais étaient alignés sur les plaines et lui conseillant d'attendre les troupes de Bougainville, stationnées à Neuville, avant d'affronter l'armée britannique. Il n'en fallait pas plus pour que Montcalm fasse exactement le contraire et se précipite devant l'ennemi avec les troupes qu'il avait sous la main. Quelque dix mille hommes des forces françaises n'ont pas combattu lors de la bataille qui a scellé le sort de la Nouvelle-France en moins d'un quart d'heure.

Environ 1 200 Franco-canadiens et 600 Anglais ne se relèveront jamais du champ de bataille. Imaginons la tâche d'enterrer tout ce monde en temps utile, avec les moyens de l'époque... Une fosse commune sera ouverte pour eux à l'Hôpital général de Québec où leurs os se confondent pêle-mêle sous le monument de Pascale Archambault érigé à leur mémoire... en 2001.

Le chevalier François-Gaston de Lévis, le meilleur homme de guerre que la Nouvelle-France ait connu, se retire à Montréal avec ce qui reste de troupes et il en reste pas mal. Il revient à Québec au printemps, le 20 avril, avec une armée de 7 200 hommes. James Murray, qui a succédé à Wolfe à la tête de l'armée britannique, l'attend avec ses canons sur les hauteurs de Sainte-Foy. Lévis s'approche, s'approche, s'approche et feint tout à coup la débandade. Murray oublie ses canons et poursuit les soldats français qui, au signal de

Lévis, se retournent soudain, chargent les Anglais à la baïonnette et les embrochent un à un. Ceux-ci paniquent et se précipitent vers Québec, 259 morts et 829 blessés en moins. Cette victoire équivaut malheureusement à une partie nulle. Les deux armées ont besoin de vivres, de renforts, et le salut viendra avec les premiers navires qui contourneront la pointe de Lévis. Ce seront ceux de l'Angleterre. La Nouvelle-France est définitivement perdue.

Bien que perdant, le chevalier de Lévis sera le grand gagnant de cette guerre. De retour dans la mère patrie, il sera nommé lieutenant général de l'armée française en 1761, gouverneur de l'Artois en 1765 et maréchal de France en 1783. Ironie du sort, les deux adversaires, Lévis et Murray, auront la plus grande amitié l'un pour l'autre et correspondront toute leur vie durant, Lévis mourant en 1787 et Murray en 1794.

Lévis avait le plus grand respect pour ses troupes et, après la capitulation de Montréal, il n'eut rien de plus pressé que d'adresser une requête au roi Louis XV pour qu'il accorde une décoration, même à titre posthume, ou une promotion à ceux de ses officiers qu'il avait jugés les plus méritants.

***

Depuis 1670, l'Abitibi faisait partie de la Terre de Rupert, propriété de la Compagnie de la baie d'Hudson en vertu de sa charte. Le gouvernement canadien s'en porta acquéreur deux siècles plus tard, en 1870, et rattacha la région aux Territoires du Nord-Ouest, district d'Ungava. C'était un pays vierge, riche en forêts, en rivières, en gibier, fréquenté seulement par les Amérindiens, quelques explorateurs et quelques missionnaires. Pourtant, on soupçonnait déjà l'Abitibi d'être très riche en son sous-sol et il n'en fallait pas davantage pour allumer la convoitise de l'Ontario et du Québec. Les pressions politiques se multipliant, le gouvernement canadien fendit la poire en deux. Détachant la région des Territoires du Nord-Ouest en 1898, il en rattacha partie au Québec et partie à l'Ontario en prolongeant tout droit vers le nord, jusqu'à la baie James et à la baie d'Hudson, la frontière déjà existante entre le Témiscamingue québécois et le Timiskaming ontarien. Cette frontière est le méridien 79° 27' qui coupe en deux les lacs Témiscamingue et Abitibi. Le Québec a gardé ces deux noms pour la région alors que l'Ontario y allait pour le district de Cochrane.

Avec l'acquisition de ce territoire, le Québec repoussait sa frontière nord jusqu'à la rivière Eastmain. Le reste du district de l'Ungava, jusqu'au détroit d'Hudson, aujourd'hui le Nouveau-Québec, lui était rattaché en 1912.

L'Abitibi ajoutait une superficie de 12 654 km² au territoire québécois. C'était tout un monde à arpenter, à explorer, à exploiter, à coloniser, et cela ne s'est pas fait du jour au lendemain, car il fallait aussi y construire des voies d'accès. La première de ces voies d'accès fut le chemin de fer Transcontinental, relié à l'Ontario dès 1912, et à Québec en 1916.

Enfin, c'était également tout un pays à nommer et il y a bien cent façons de nommer un pays. Jacques Cartier nomma «Saint-Laurent» le havre dans lequel il était entré sur la côte nord le 10 août 1534, jour de la fête du Laurent en question. Par erreur, le nom s'appliqua ensuite au golfe et au fleuve. Le Malouin récidiva à volonté avec les fêtes du calendrier liturgique, quand il ne prenait pas tout simplement le toponyme amérindien, comme Stadacona, Hochelaga ou Canada.

Les noms amérindiens retenus ont toujours été orthographiés à la bonne franquette par les explorateurs et les missionnaires, car, évidemment, ils n'en ont jamais eu qu'une version orale.

Durant tout le Régime français, on invoqua le ciel à volonté, à commencer par Champlain qui baptisa l'île Sainte-Hélène en l'honneur de son épouse Hélène Boullé. La principale rivière qui draine les Cantons-de-l'Est, la Saint-François, passait par hasard à travers la seigneurie de François de Lauson. Ce fut pire encore sous le Régime anglais alors que se multiplièrent les paroisses en des territoires nouveaux. Saint-Édouard-de-Lotbinière est un hommage au curé Édouard Faucher, et Saint-Fortunat, dans le comté de Wolfe, en est un à sire Narcisse-Fortunat Belleau, premier lieutenant gouverneur du Québec après la Confédération de 1867.

Pour Laurierville et Victoriaville, on se contente de deviner.

Au sud de l'Abitibi, la colonisation du Témiscamingue était déjà fort avancée, ayant débuté en 1860, et la toponymie se régalait principalement de noms amérindiens comme Kipawa, Opimica, Oslaboningue et, bien sûr, Témiscamingue. Cela allait changer radicalement avec l'ouverture des paroisses et la toponymie allait refléter une réalité de l'époque : la très forte emprise de l'Église sur la population et, particulièrement, le rôle des oblats de Marie-Immaculée dans l'effort d'évangélisation et de colonisation. Les localités de Fabre et de Bruchési portent les noms de deux archevêques de Montréal ; Guigues, Saint-Bruno et Saint-Eugène font tous trois référence au même personnage, l'oblat Joseph-Eugène-Bruno Guigues, premier évêque de Bytown, devenue Ottawa, et Duhamel rend hommage à Joseph-Thomas Duhamel, deuxième évêque d'Ottawa. Narcisse-Zéphirin Lorrain, vicaire apostolique du Pontiac, a donné Lorrainville; Mazenod est le fondateur des oblats de Marie-Immaculée; Laniel, Laverlochère, Latulipe sont des oblats parmi tant d'autres et deux des principales entités, Ville-Marie et Notre-Dame-du-Nord, sont dédiées à la patronne de ces oblats.

Arrivent maintenant 12 654 km^2 d'Abitibi à baptiser. Que fera-t-on?

Ici intervient Eugène Rouillard, notaire, journaliste et géographe, qui était «inspecteur des agences des terres et des bois de la Couronne» de la province de Québec depuis 1894. Il est aussi un des fondateurs de la Société du parler français, car la détérioration de la langue parlée le turlupine. Membre de la Société de géographie également, cette société qui, sous sa plume, peut-être, avait écrit, en 1892 : «[…] en maints endroits du Canada, les noms géographiques sont ou défigurés ou travestis, ou encore remplacés par des noms qui ne rappellent rien, n'éveillent aucun souvenir légendaire ou historique. Il y a là tout un sujet dont elle va incessamment s'occuper […] afin que les noms géographiques originaux du pays soient présentés dans leur intégrité orthographique».

Inspecteur des terres et bois de la Couronne au ministère des Terres et Forêts, membre de la Société de géographie de Québec, Rouillard devient aussi président de la Commission de géographie, nouvellement créée par le gouvernement pour mettre de l'ordre dans l'anarchie de la toponymie. Le voilà merveilleusement placé pour imposer une forme française aux noms de lieux aussi souvent qu'il le pourra.

Or voici qu'on lui présente toute l'Abitibi à nommer. Déjà des noms d'explorateurs ou de géologues commencent à s'imposer, comme celui de Robert Bell, récemment donné à une rivière. Autrement, tout est amérindien, et sous les formes les plus diverses: Harricana, Harricanaw ou Hanna Bay; Nottaway, Nahdooways ou Nautawaig, et ainsi de suite. Il faut faire vite et il faut tout faire avant que chaque péquenaud prenne soin de s'immortaliser sur la carte géographique du Québec, bien souvent après l'avoir défigurée. L'idée est-elle de Rouillard ou lui vient-elle d'un autre? On ne sait. Mais on sait fort bien que nul autre que lui ne pouvait l'imposer à son ministre des Terres et Forêts, l'honorable Adélard Turgeon, qui fit sa proclamation en 1908, sans mentionner, bien sûr, celui qui la lui avait soufflée à l'oreille.

Quelle proclamation?

«En ce moment, où toute la population du Canada semble portée à évoquer le souvenir d'un passé plein de gloire, il m'a semblé convenable de faire revivre ici les noms oubliés de quelques-uns des héroïques soldats de Montcalm, qui, sans lui après la campagne de 1760, reprirent le chemin de la Patrie.

«Je les ai choisis dans la liste des officiers recommandés au roi de France par le chevalier de Lévis, soit pour promotion, soit pour décoration, à cause de services signalés.

«J'ai assigné un de ces noms, avec un de ceux des régiments auxquels ces officiers appartenaient, à chacun de ces cantons: plaçant ceux des régiments auxquels ces officiers appartenaient en tête, rangés comme en ordre de bataille, de l'ouest à l'est, puis ceux des officiers attachés à chacun de ces corps, alignés au nord et au sud.»

Voilà. Tout était fait, ou à peu près, et d'un seul coup. Oui, d'un seul coup les régiments de Montcalm étaient déployés sur la carte de l'Abitibi, et en bon ordre comme ils ne l'avaient jamais été sur les plaines d'Abraham! D'ouest en est à partir de la frontière ontarienne et le long de la voie du Transcontinental s'alignaient les régiments de la Reine, de la Sarre, du Royal-Roussillon, du Languedoc, de Guyenne, du Berry et du Béarn.

Quelques noms des cantons de ces braves? Du régiment de la Reine, Des Méloizes*, Roquemaure, Hébécourt, Montbray, Dasserat; du régiment de la Sarre, Palmarolle*, Duparquet**, Duprat*, Beauchastel*; du Royal-Roussillon, Chazel, Poularies («premier à l'attaque, dernier à se replier»), Destor, Dufresnoy*, Rouyn; du régiment du Languedoc, Privat, Aiguebelle, Cléricy, Joannès; du régiment de Guyenne, Ligneris, Launay**, Manneville, La Pause, Bousquet; du régiment du Berry, Trécesson, Villemontel, Preissac, Cadillac; et du régiment du Béarn, Dalquier, Figuery**, La Motte, Malartic**.

Il faut bien arrêter quelque part, mais il y en a plus d'une centaine qui jonchent le sol de cette Abitibi encore toute neuve en 1908. Plusieurs de ces noms s'appliqueront également à la principale localité du canton, comme La Sarre, Palmarolle, Duparquet, Rouyn, Malartic, ou à des lacs et des rivières.

Faut-il ajouter que l'initiative d'Eugène Rouillard n'a pas empêché le premier ministre Lomer Gouin de donner à la ville d'Amos le nom de sa femme Alice, et le nom du village de ses ancêtres au village d'Angliers, près de Notre-Dame-du-Nord?

Faut-il ajouter que l'auteur de la proclamation a luimême eu droit à sa rivière Turgeon?

Même s'il est difficile de prouver la paternité de Rouillard dans ce scénario, il est encore plus difficile

---

*   Mort à la bataille de Sainte-Foy.
**   Blessé à la bataille de Sainte-Foy.

d'en douter. Peut-être un collègue de la Société de géographie ou de la Commission de géographie lui a-t-il préparé le projet, mais il n'y avait que lui pour le soumettre au gouvernement avec autorité. Son patron, l'honorable Adélard Turgeon, ne fit qu'approuver et proclamer le document d'un subalterne, lui-même étant trop occupé à cabaler contre le premier ministre en vue de prendre sa place.

Non, vraiment, il n'y avait qu'Eugène Rouillard pour ramener l'armée de Montcalm en un pays qu'elle n'avait jamais connu et pour étendre sur l'Abitibi la courtepointe du souvenir de héros qu'elle n'avait jamais vus passer.

3

Sur un air de pays

Val-d'Or De Montigny Pascalis Obaska
La Motte Malartic Sullivan Chicobi
Rivière-Héva Roc-d'Or Bartouille Cléricy
Senneterre Preissac Vassan Harricana

Barraute Dubuisson Landrienne Berry
Cadillac Taschereau Barville Nepawa
Lebel-sur-Quévillon Miquelon Granada
Palmarolle La Sarre Villebois Paradis

Vautrin Ligneris D'Alembert Kanusata
Villemontel Authier Pikogan Poularies
Macamic Val-Saint-Gilles Rouyn-Noranda

La Corne Mégiscane Amos Matagami
Duparquet Des Méloizes Opasatica
Paroles de sonnet sur air d'Abitibi

4

Où va l'eau ?

À Rouyn-Noranda, au nord-ouest de Val-d'Or, l'eau coule vers le sud dans le lac Témiscamingue, la rivière Outaouais et le Saint-Laurent. À Val-d'Or, au sud-est de Rouyn-Noranda, l'eau coule vers le nord par la rivière Harricana qui se déverse dans la baie James.

Le monde à l'envers, quoi !

Entre les deux, sur les hauts plateaux de l'Abitibi-Témiscamingue, l'eau se cherche dans un *no man's land* où elle ne sait plus où donner de la pente, vers le Saint-Laurent ou vers la baie James. Du sud au nord, cent kilomètres d'indécision séparent le lac Témiscamingue du lac Abitibi.

D'est en ouest, soit de Louvicourt à la frontière ontarienne, on peut compter cent cinquante kilomètres de confusion. Étangs, marécages, ruisseaux lacs et rivières sont tout ce qui reste d'une vaste mer intérieure pondue il y a environ dix mille ans par un glacier de plusieurs kilomètres d'épaisseur qui trônait là depuis au moins cent mille ans et qui, en s'en allant, a laissé le lac Ojibway-Barlow, d'une superficie de quelque

181 000 km², soit presque trois fois l'actuelle superficie de l'Abitibi-Témiscamingue.

Débarrassé du poids du glacier, le continent s'est relevé peu à peu, ne gardant de cette mer intérieure que des reliques, des lacs innombrables, dont les plus importants sont ceux qui ont donné son nom à la région, les lacs Abitibi et Témiscamingue.

Entre ces lacs et ceux qui donnent naissance à la rivière Harricana dans la région de Val-d'Or, c'est plus ou moins le muskeg, cet intermédiaire intraduisible entre la forêt boréale et la taïga, entre le marécage et la terre ferme, royaume des éricacées, des carex et des arbres rabougris, royaume entrecoupé d'eskers qui remontent le pays du sud au nord, portant sur leur dos des forêts de pins gris.

Grosso modo, cela forme un territoire de 15 000 km² où l'eau croupit sur place en se demandant si elle doit rester là ou s'en aller.

Confinés au secteur primaire entre le bassin agricole, le bassin forestier et le bassin minéralogique, beaucoup de gens se posent la même question.

Au bout du compte et avant de se décider, l'eau s'évase en tourbières, se concentre en petits lacs et se faufile en couleuvre dans les moindres déclins d'un relief qui n'en a pas beaucoup.

La population, elle, cherche à se faufiler dans les secteurs des services secondaires et tertiaires, transformation et commerce, éducation, santé et administration. À défaut de réussite, elle cherche à s'en aller purement et simplement, par mille détours, comme fait l'eau et comme elle le fait en cas de maldonne depuis la colonisation du Témiscamingue et de l'Abitibi.

Ce haut plateau où l'eau fait semblant de n'aller nulle part a de beaucoup retardé l'exploration et le commerce au temps où le canot et les jambes étaient les seuls moyens de transport. Plutôt que de piquer vers le nord au bout de l'Outaouais, les voyageurs se dirigeaient vers l'ouest où de bonnes rivières les conduisaient vers les Grands Lacs. Quant à «la mer du Nort», baie James de l'époque, on y accédait plutôt par le Saguenay, de sorte que l'arrière-pays restait une inconnue sans intérêt, jusqu'au jour où les problèmes économiques des bords du Saint-Laurent poussèrent des indigents à coloniser le sud du Témiscamingue d'abord et le nord de l'Abitibi ensuite.

Le *no man's land* en question ne devint intéressant qu'avec les découvertes minéralogiques d'un Edmund Horne qui, dès 1911, explore au Québec les formations géologiques comparables à celles de l'Ontario où de riches gisements sont déjà en exploitation. Ces déplacements se faisant dans l'axe est-ouest plutôt que sud-nord, on oublia l'eau, ses marécages et ses innombrables détours pour s'en remettre aux routes et aux voies ferrées, d'une géométrie tellement moins capricieuse.

Les grands territoires spongieux ne sont pas pour autant au passif du bilan québécois puisqu'ils constituent le château d'eau de toute la vallée de l'Outaouais et, tout compte fait, un des importants châteaux d'eau de la vallée du Saint-Laurent, quand l'eau en arrive à prendre une décision, inspirée peut-être par les myriades et les myriades de maringouins qui la houspillent.

5

Madame d'Angliers

Elle avait dix-neuf, vingt ans, peut-être, et elle avait un travail d'été au Centre thématique fossilifère de Notre-Dame-du-Nord, au bord du lac Témiscamingue. Moi, je venais visiter ce centre où la publicité me promettait un voyage de plusieurs millions d'années dans le temps, mais j'en avais perdu l'adresse et je me traînais dans la rue Principale quand je vis, oh! bonheur, l'affiche du Bureau d'information touristique. J'entre sur le terrain de stationnement et je veux aller aux renseignements quand, au moment où je sors de l'auto, une affiche me saute dans la face, affiche qui crie : Centre thématique fossilifère.

On ne peut pas être plus chanceux.

J'entre, je grimpe l'escalier et je me retrouve dans une salle où trois bonnes dames discutent de leur ordre du jour.

– Bonjour! Pour les fossiles, c'est où?

– C'est ici!

– Bon!

On me présente alors une aimable personne qui m'emmène au sous-sol et me montre les fort jolis présentoirs où l'histoire de la Terre est racontée depuis ce que l'on en sait jusqu'à ce qu'on en fait. L'exposition est magnifique, savante, illustrée à la gomme. Un groupe d'enfants arrivent avec leur père et c'est beauté de les voir s'amuser, s'émerveiller, devant les images informatisées qu'on leur propose sur l'histoire de la planète.

Mon problème, c'est que je connais ça à peu près par cœur. La chose que je ne connais pas, ce sont les fossiles et je voudrais en voir.

Je ne connais pas non plus cette guide, belle à manger, qui me raconte l'histoire de notre boule ronde, depuis la Pangée jusqu'à ce matin.

– Et les fossiles?

– Il y en a quelques-uns ici. Voyez! Des brachiopodes, vieux de 420 millions d'années. Des gastéropodes maclurites du même âge. Mais si vous revenez cet après-midi, nous irons sur le terrain ensemble et nous ferons de la recherche.

Quatre cent vingt millions d'années quand on n'en a soi-même que soixante toutes petites!

Quatre cent vingt millions d'années!

L'histoire de la Terre est vieille de vieille, et l'Homme n'y arrive qu'à la dernière minute avec toutes ses finesses et toutes ses saloperies, mais, il y a quatre cent vingt millions d'années, il y eut des brachiopodes et des gastéropodes qui sont maintenant incrustés dans les cailloux au bord de la route qui va de Notre-Dame-du-Nord, au Québec, à Judges, en Ontario.

Dans combien de millions d'années serons-nous incrustés dans les cailloux de l'Abitibi-Témiscamingue?

Ma guide devant s'occuper d'autres visiteurs, je pris congé, non sans recevoir un cours sur les séismes, gracieuseté d'une autre personne, et non sans la promesse d'un retour en après-midi pour une visite sur le terrain.

Mais où pouvais-je manger une croûte entre-temps ?

– Essayez chez Maxime, juste en face.

Chez Maxime, c'était parfait. Une bière, une soupe et un sandwich.

Un Algonquin de la réserve voisine de Témis-caming, un géant, tignasse épaisse et torse nu, entra, parlant fort et bousculant l'ambiance, non les gens. Je m'attendais à de la bagarre, mais pas du tout. C'était, semble-t-il, un ami de la place. Il était comme ça et la place était comme ça. Il partit comme il était venu, avec grand fracas et sparages, mais sans éclats. Cela surprend à l'occasion, mais il faut s'habituer à tout.

Et, la paix revenue, je regardais dehors en laissant le temps passer, quand je vis également passer ma guide. Elle s'en allait au dépanneur, dans l'autre rue, pour en revenir bientôt avec un verre de cola et une saucisse pogo. J'avais presque terminé mon repas et je voulais lui donner le temps de terminer le sien, mais sans doute fus-je un peu hâtif, car elle mangeait encore quand je revins au Centre.

– J'ai bien mangé et prenez le temps de bien manger, madame. J'ai tout mon temps. Dites-moi quand même où nous allons voir ces fossiles. Je ne sais pas si je suis bien chaussé. Sur quelle sorte de terrain allons-nous ?

Éclats de rire dans la pièce où ses deux collègues l'accompagnaient.

– Vous êtes parfait comme vous êtes !

Faut-il se l'entendre dire souvent ?

Et nous partîmes alors ensemble, dans la petite auto rouge qui mangeait la route comme à son accoutumée.

– Vous êtes de la région ?

– Je suis d'Angliers.

Angliers est un petit village au bord du lac des Quinze, population de 340 personnes en l'an 2001, le lac étant lui-même la principale source de la rivière Outaouais qui draine tout le Témiscamingue vers le Saint-Laurent. Elle était née à Angliers. Elle y avait grandi dans une économie d'abattage et de flottage du bois. Elle avait fait ses études primaires et secondaires en autobus scolaire, vers Notre-Dame-du-Nord, et ses études collégiales à Rouyn-Noranda. Dotée d'un diplôme d'études collégiales, elle se préparait à gagner l'Université de Sherbrooke à l'automne, pour des études en microbiologie. Pour son travail d'été, elle avait trouvé cet emploi au Centre fossilifère et elle racontait à tout venant que les glaciers avaient occupé la région pendant des millénaires, qu'ils l'avaient râpée à n'en plus finir et qu'ils avaient fondu en laissant un lac incroyable, grand comme la mer de Champlain, sans doute, le lac Ojibway-Barlow, riche de fossiles et d'un sous-sol plein de trésors.

Elle raconta aussi qu'elle passait ses nuits à Notre-Dame-du-Nord dans le chalet d'une vieille tante, mais qu'il y avait des chauves-souris.

Le lui aurais-je t'y réglé, son problème de chauves-souris !

Il faisait très beau et je la laissais parler sans trop la regarder, attentif, toutefois, à ses indications sur la route qu'il fallait prendre.

Or, c'était la chose la plus simple au monde. Il fallait prendre la route de Judges qui traverse la frontière Ontario-Québec et qui coupe soudain parmi des strates crème, jaunâtres, de part et d'autre de la chaussée.

D'autres curieux étaient déjà à l'œuvre avec de petits marteaux parmi les galets et nous les rejoignîmes le plus simplement du monde, tellement il y avait de place pour tous les imbéciles de la terre sur ces terrains millénaires.

Nous étions sous une crête et elle me ramassait des cailloux pour m'indiquer ce qu'était un gastéropode et ce qu'était un brachiopode, me montrant le tout du bout de son doigt dans la pierre de quatre cent vingt millions d'années.

Nous étions accroupis tout près l'un de l'autre et, pour moi, l'histoire de la Terre s'abrégea brusquement. Je n'en pouvais plus de tant de fraîcheur, de tant de beauté, et je ne parle ni des cailloux ni des fossiles.

— Je vais aller fouiller dans les strates de l'autre côté de la route, lui dis-je.

Ce que je fis pour mon plus grand malheur, sans doute, mais je découvris tout de même un gastéropode maclurite, coquille et empreinte sur des cailloux scindés, cailloux que je garde précieusement en souvenir de qui, croyez-vous ?

L'excursion terminée, il fallut revenir au Centre et, chemin faisant, on vit un centre d'élevage de chevaux.

— Arrêtez, dit-elle. Arrêtez.

Deux chevaux prenaient l'ombre sous un arbre, debout tête-bêche comme ils le font si souvent.

— Pourquoi sont-ils toujours comme ça ? me demanda-t-elle, en me montrant ses deux index tête-bêche.

Quels jolis doigts ! J'étais à bout de tout.

— Ils font ça pour s'épousseter les maringouins de la tête l'un de l'autre.

— Vous croyez ?

— Je le ferais si j'étais à leur place.

Ce fut tout pour la journée. Je la laissai au Centre, mais je revins le surlendemain pour prendre une référence exacte dans un document archéologique.

Quelle misère! Elle avait un petit chandail à la poitrine, sans épaules, et elle était toute contente de me revoir.

Notant la référence, crayon en main, je lui dis :

– Donnez-moi tout de même votre nom.

– Je m'appelle Mélodie.

6

Le pouceux de Ville-Marie

Sur la route de Rouyn-Noranda à Duhamel, au-delà de Ville-Marie, la petite rouge fonçait allègrement dans un matin vert tout neuf, croustillant sous un soleil lumineux mais frais, un matin plein de rosée perlée, un matin pas mal plus réveillé que moi, un de ces matins qui vous remettent du sexe au cœur tant la vie, tout à coup, semble belle plus que jamais. Voyage de vacances et de découvertes, la banquette arrière pleine d'un beau désordre estival, cartes, jumelles, appareils photo, guides, carnets de notes et paperasses diverses au hasard de valises et de sacs mal fermés qui bâillaient des tee-shirts, des chemises et des chandails sur un ciré jaune, entre des bottines égarées qui cherchaient à se faire la paire.

À Montbeillard, deux jeunes bonshommes faisaient du pouce, tout sourire avec barbe et cheveux sales au vent. Malheureusement, la banquette arrière est encombrée, me dis-je pour déculpabiliser mon accélération, moi qui ai passé mon adolescence à poucer sur les routes, mais le cheveu aussi propre que l'œil et sans oripeaux défraîchis, ce qui est rarement le cas des pouceux d'aujourd'hui.

Mais à cent mètres plus loin dans l'amorce de la courbe, n'en voilà-t-il pas un autre, plus propret et parfaitement inoffensif au regard. Vite les freins, car je me cherchais de la compagnie. En effet, traverser un pays neuf sans que quelqu'un qui l'habite vous le raconte et l'explique n'est toujours qu'un long ennui entre des épinettes impassibles qui vous regardent passer comme les vaches du pré suivant.

J'eusse évidemment préféré une jeune fille bien, mais je crois que les jeunes filles bien ne font pas du pouce en solitaire sur les longues routes de l'Abitibi-Témiscamingue.

   – Tu vas à Ville-Marie?

– Je passe par là, oui.

– C'est bien. Merci.

– Vous pouvez jeter votre sac par-dessus le tas, là derrière.

– Non, d'habitude je le garde sur mes genoux, si ça te fait rien.

Ça ne me faisait rien, comme ça ne me fait rien que les gens me tutoient, sauf que j'ai tendance à vouvoyer les personnes qui font plus d'un mètre et demi, une tendance dont je ne me guéris pas du tout.

– Êtes-vous de la région?

– Oui. Toi aussi?

– Non, je suis à peu près en vacances.

– Qu'est-ce que tu fais?

– J'écris. Et vous?

– Je travaille dans le bois.

Comme de bonne, il s'en allait à Ville-Marie, une fort jolie ville qui se fait des jalousies avec Témiscaming et Notre-Dame-du-Nord, et, plus précisément, il s'en allait aux bureaux d'Emploi-Québec pour régler quelques papiers avant de disparaître dans la brousse pour quelques mois.

Il était poli, sans plus. La jeune trentaine ou moins encore. Ni joyeux ni triste. Plutôt terne, à vrai dire.

– J'm'en vas travailler dans une pourvoirie à Rapides-des-Joachims.

Rapides-des-Joachims! Il n'en fallait pas davantage pour me titiller les méninges. J'y avais fait un voyage, quelque vingt ans plus tôt, dans mes livres, avec Samuel de Champlain. Le premier de mes voyages avec lui sur l'Outaouais, à vrai dire. Je voulais remonter la rivière jusqu'à Cobden où il avait perdu son astrolabe près du lac Muskrat, au cours d'un portage pour éviter l'île du Grand Calumet ainsi que l'inutile et long détour que l'Outaouais s'y permet pour rien, pour le plaisir de s'étirer, et j'avais continué jusqu'à Rolphton, juste devant les Rapides-des-Joachims. D'où vient ce nom? m'étais-je alors demandé.

Le lieu est connu dès 1680 sous le nom de Rapides des Joachims de l'Estang, de Portage de Joachim de l'Estan en 1688 et Joachim de l'Estang en 1699. D'ailleurs, plus haut sur la rivière, à peine au-delà de Témiscaming, une municipalité Letang existe toujours. Mais qui sont ces Joachims?

En 1731, le dénombrement de la seigneurie de l'Île-de-Montréal relève deux noms à Saint-Joachim (voilà!)-de-Pointe-Claire: Jean et Michel Brunet dits Létang. C'étaient des voyageurs, voyageurs pour le bois et la fourrure. Semble-t-il qu'ils avaient construit un établissement au bord de ce long rapide, établissement pour l'achat, la vente des fourrures, le troc et, surtout, pour la halte des voyageurs qui devaient y faire un long et pénible portage avant de poursuivre leur route vers les Grands Lacs en prenant la Mattawa, ou le Témiscamingue et la baie d'Hudson en continuant sur l'Outaouais.

J'étais en difficultés familiales à l'époque, difficultés qui allaient se terminer par un divorce qui fut

51

pour moi la fin d'un cauchemar en me délivrant d'une hypocrite menteuse et le commencement d'un autre cauchemar en m'enlevant mes enfants, otages de pension alimentaire. Madame était née sur le trottoir et la plus grande réussite de sa vie d'adulte fut de mettre son mari et ses enfants sur le trottoir. Or, je me posais une question idiote : est-ce que les coureurs des bois et les explorateurs étaient contents de s'éloigner de leurs femmes et est-ce que leurs femmes étaient contentes de les voir partir? On sait que voyageurs et explorateurs des pays d'en haut avaient souvent une autre compagne à des centaines, voire à des milliers de kilomètres de leur domicile officiel, une femme «à la mode du pays», selon l'expression consacrée. L'exemple venait de haut avec Simon McTavish, fondateur de la Compagnie du Nord-Ouest et roi de la fourrure à Montréal.

Quant à moi, j'avais toujours voulu demeurer à distance de marche de mon travail et j'y avais passablement réussi, mais je me disais, en pensant au taux de divorce chez les conjoints qui vivent collés l'un sur l'autre, je me disais qu'on peut se poser ce genre de question idiote et, le plus souvent, j'y répondais par un oui. J'en étais là de mes réflexions sur Rapides-des-Joachims quand je songeai soudain à l'alpiniste George Leigh Mallory qui laissa deux fois sa famille en Angleterre pour aller se colletailler avec l'Everest où il laissa sa peau en 1924. Et puis, les soldats, les marins ne meurent pas tous dans leur lit eux non plus.

Au bout de ces cogitations que mon pouceux respectait sans doute car il ne disait mot, je me remis à penser à mes distances de marche et je réalisai que j'étais dans un pays où il faut parcourir des kilomètres considérables pour un bien, un service qu'on n'a pas sous la main. J'eus alors une question plutôt malheureuse en demandant :

– Les distances sont grandes en Abitibi-Témiscamingue, ce doit être plutôt malcommode à l'occasion de n'avoir pas d'auto.

– Très malcommode. J'ai laissé la mienne à ma femme quand on s'est séparés. Un gars peut toujours s'arranger. C'est plus difficile pour une femme qui a un enfant.

Oups!

– Dans le bois, j'en ai pas besoin et j'vas m'en acheter une autre quand je r'viendrai après les fêtes.

Je me hâtai de changer de sujet.

– Qu'est-ce que vous faites aux Rapides-des-Joachims? Vous guidez?

– Non, je fais de l'entretien avec mon boss. Je coupe du bois, j'en corde près de la cuisine tous les matins pour la journée, on fait de la peinture, des réparations sur les grosses bâtisses et sur les chalets. Je refais le plein, je range les tout-terrains et les hors-bord au retour des chasseurs. Je nettoie les bécosses… Et puis, les clients nous demandent toujours toutes sortes de services. Quand le boss est d'accord, j'le suis moi aussi.

J'avais fait quelque chose du genre à l'île au Ruau quelque vingt ans plus tôt et j'avais adoré ça.

– Vous aimez ça?

– Ah oui! j'aime ben ça. Pas de femmes, pas de bâdrage.

Oups!

– Pas de femmes à la pourvoirie?

– Ah oui! Des femmes pour la cuisine et le ménage. Elles sont bien fines et pas tannantes. La chef cuisinière est la femme de mon boss. On s'entend bien. Et puis, y a des clients qui viennent avec leur femme. Ou avec leur blonde. On pose pas de questions.

Autre changement de sujet.

– Vous êtes du Témiscamingue ou de l'Abitibi ?

– Du Témiscamingue. Belleterre.

En ce pays, on dit Belleterre et Beaucanton pour se donner du courage quand on habite une clairière dans les forêts du bout du monde.

– C'est ma femme qui est de l'Abitibi. J'sais pas pourquoi j'suis allé rester là. C'est pas restable. Je sais même pas pourquoi ils ont appelé ça l'Abitibi. Ç'aurait pu tout aussi bien s'intégrer au Témiscamingue.

– Les lacs Abitibi et Témiscamingue sont séparés par la ligne de partage des eaux et appartiennent à deux bassins versants différents, celui de la baie James et celui du Saint-Laurent.

– J'sais pas, mais j'sais qu'l'Abitibi c'est des épinettes, des roches pis des mines. Le Témiscamingue, c'est beau. T'as rien qu'à r'garder.

Comme pour lui donner raison, des travaux de voirie sur la 101 commandaient un détour par Laverlochère. Dans les fossés, le magenta des épilobes nous accompagnait quasiment sans interruption, les troupeaux paissaient après la traite du matin, les cultivateurs faisaient les foins et je me souviens très bien d'un cheval noir qui nous regardait passer en prenant l'ombre sous un érable à Saint-Eugène-de-Guigues. Des maisons coquettes et des fermes bien peignées escortaient la route de part et d'autre. Puis, du sommet de la grande côte qui nous ramenait à la route principale, on voyait le lac Témiscamingue s'étaler de tout son long au soleil. De l'autre côté, la rive ontarienne était découpée nette, étincelante. Pour tout dire, je trouvais ça bucolique à la planche.

Nous approchions de Ville-Marie et mon pouceux était devenu muet, la tête haute, les yeux fixés droit devant lui.

54

– Vous me direz où vous laisser à Ville-Marie.

– Oui, tout à l'heure.

Il n'avait pas bougé et ce fut le silence jusqu'à l'entrée dans la ville.

– Tu tournes à droite au stop.

Ce que je fis pour arriver tout juste devant les bureaux d'Emploi-Québec, à côté du bureau de poste d'où, sur demande impérative, j'avais envoyé une carte postale à ma chère Marie-Ève l'avant-veille.

– Et voilà, lui dis-je.

Mais il ne bougeait pas, les yeux toujours braqués devant.

– Ça m'a fait bien plaisir d'entendre vos commentaires sur la région, et surtout sur la pourvoirie des Rapides-des-Joachims.

Il ne descendait toujours pas et je vis qu'il avait quelque chose à dire.

– Peux-tu me passer un dix et me donner ton adresse ? Je te le remettrais sans faute.

C'était donc ça, et je m'étais fait prendre encore une fois. Quelle sorte de tête puis-je avoir pour me faire avoir par tous les tapeurs de la terre, moi qui ne demande quasiment jamais rien à quiconque ? Je puis rarement rendre un service sans qu'on m'en demande un autre. De l'argent, mon auto pour la journée, un texte, quand ce n'est pas accompagner quelqu'un qui m'ennuie à un événement quelconque. L'histoire est quasiment aussi vieille que moi.

– Passe-moi un dix et donne-moi ton adresse. C'est pas pour boire. J'bois pas, j'me drogue pas. T'as l'air d'un bon gars. Moi, j'suis cassé comme le maudit et j'voudrais acheter un petit cadeau à ma fille avant de prendre le bois.

J'étais tout simplement enragé et j'avais une terrible envie de pleurer. Je ne savais plus quoi dire, quoi faire.

Je tournai la tête un peu plus et je vis qu'il n'était plus immobile. Les épaules lui sautillaient. C'est lui qui pleurait.

– C'est certain que j'te le remettrais à ma première paye.

Je sortis mon portefeuille et j'y pêchai deux dix que je lui tendis.

– Donne-moi ton adresse.

– Non ! Vous penserez à moi quand vous serez aux Rapides-des-Joachims.

– Donne-moi ton adresse.

– Non ! Vous embrasserez votre fille pour moi.

Alors il se tourna vers moi, pleurant toujours. Il s'essuya les yeux du revers de sa manche, me regarda franc dans les yeux et, me tendant la main, dit :

– Merci. Merci beaucoup.

– Salut et bonne chance.

Il sortit soudain comme d'une sorte de transe, sans chaleur ni aisance, comme un simple automate. Il ouvrit la portière et, avant de la refermer, me regarda encore, les yeux tout embrouillés, et me dit :

– Salut.

Je pus enfin pleurer un peu et je repris mon chemin vers Duhamel-Ouest, le fort Témiscamingue et la Forêt enchantée.

7
La Forêt enchantée

– Comment, vous n'avez jamais entendu parler de
la Forêt enchantée?
– Oui, mais je crois avoir fait une erreur. J'ai vu les
affiches pour le fort Témiscamingue, j'ignorais que
c'était aussi le site de la Forêt enchantée et je suis passé
tout droit.
– Mais il faut que vous alliez voir ça!
– Vraiment?
– La Forêt enchantée! La merveille de ma jeunesse!
J'ai vécu dans des maisons bien entretenues, bien
meublées, j'ai travaillé dans de grands bureaux, vous
me trouvez dans un bon hôtel, mais je n'ai jamais
marché sur un tapis plus soyeux qu'à la Forêt enchantée.
Alors je retournai le lendemain voir la Forêt enchantée.
On accède d'abord aux reliques du fort Témiscamingue.
Malheureusement, il n'en reste guère et Parcs
Canada s'évertue à remettre en valeur ce site magnifique sur un étranglement du lac Témiscamingue. Le

succès viendra peut-être, mais ce matin-là à la barrière, quand le guide m'annonça triomphalement que l'entrée était gratuite, je crus en comprendre la raison en me retrouvant tout fin seul sur les sentiers qui se déroulent entre les modules érigés ici et là pour rappeler, chacun à sa place, le magasin, l'entrepôt, la boulangerie, la maison du chef de poste, etc. Le poste de traite fut construit quelque part entre 1678 et 1685 quand les concurrents de la traite des fourrures se mirent à aller chercher le produit en région plutôt que de l'attendre à Montréal, l'un devançant l'autre d'année en année, sur la rivière des Outaouais d'abord, puis au lac Témiscamingue, puis au lac Abitibi, tandis que l'Anglais avait la mainmise sur les forts de la baie d'Hudson. En 1784, Simon McTavish et Benjamin Frobisher fondaient la Compagnie du Nord-Ouest, qui occupa le poste jusqu'à son absorption par la Compagnie de la baie d'Hudson qui y tint feu et lieu jusqu'en 1902.

En 1844, à la demande de Mᵉᵣ Ignace Bourget, Jean-Nicolas Laverlochère entame l'offensive missionnaire des oblats de Marie-Immaculée, offensive qui leur fera bientôt occuper tout le Témiscamingue.

C'est dire que ça sent l'histoire dans ce haut lieu, et surtout, comme toujours, dans les cimetières où la pierre garde les noms et les dates de ceux qui ont durement vécu ce pays.

Plus loin, ça sent la paix dans cette cédrière qui n'en est pas une et qu'on a baptisé la Forêt enchantée. Une toute petite forêt, même pas la superficie d'un terrain de baseball. Magnifique, faut-il dire, et remarquable parce qu'il n'y en a pas beaucoup d'autres comme elle.

C'était une pinède et, au temps de l'occupation du fort Témiscamingue, les pins ont été rasés pour cause de mâture et de navigation sur le lac et la rivière des Outaouais.

Alors, les petits cèdres qui poussaient dessous, des thuyas, pour parler vrai, se mirent à grandir comme jamais ailleurs, à se tordre de bonheur sous le soleil et sous la pluie, à répandre annuellement leurs feuillages sur le sol en un tapis d'une délicate tendresse.

Tout sent bon dans la Forêt enchantée, l'air frais dans le sous-bois transparent sous la sombre et haute canopée qui garde des chaleurs et le sol parfumé par des siècles de précipitations végétales qui tapissent le sol.

Cela sent tout bonnement ce que les grands-mères mettaient dans les commodes et les garde-robes pour éloigner les mites et parfumer les vêtements.

Un véritable havre de silence, sauf pour le vent qui se balance dans la tête des arbres.

Toutefois, en poussant un peu trop serrés les uns contre les autres, les arbres se sont chicanés de part et d'autre à la recherche de la lumière et, partant, ils sont plutôt tordus.

Mais ne le sommes-nous pas tous ?

8

Laverlochère

Jean-Nicolas Laverlochère
Était un oblat missionnaire
Qui a traîné partout ses fringues
À travers le Témiscamingue
À sa mort on donna son nom
À une paroisse un canton

Tout au long de ses terres grasses
Des champs verts et blonds se prélassent
Et de gras troupeaux noirs et blancs
Observent de loin les passants
En mâchouillant les foins fleuris
Qui ondulent dans la prairie

Mais le plus grand trésor peut-être
De ce paysage champêtre
Ce sont au bord des potagers
Les cortèges de framboisiers
Qui font mûrir au grand soleil
Les plus délicieuses merveilles

Fruits de lumière et de rosée
Tendresses de tout un été
Cueillies de la main d'un enfant
Qui vous les offre en souriant
Cadeau du ciel et de la terre
Framboises de Laverlochère

9

Vroum! Vroum!

Toc, toc à ma porte par ce beau matin de fin juillet, et qui entre sans attendre de réponse ? Mélodie soi-même, toute pimpante dans sa chemisette fleurie et son jeans soigneusement délavé.

– Venez ! Je vous emmène au Rodéo du camion.

– N'importe quoi mais pas ça, Mélodie. J'arrive de l'Abitibi et je n'y retourne certainement pas ce matin.

– D'abord, ce n'est pas en Abitibi. Au Témiscamingue, plutôt, et je vous y emmène de gré ou de force. Vous n'ignorez plus que j'ai quelques talents de fée. Aussi bien condescendre à mes désirs si vous voulez que j'en fasse autant quelque petit matin pour les vôtres que vous n'osez avouer.

– Je vous en prie, Mélodie.

– Debout et plus vite que ça.

– Et si c'était donnant, donnant, la belle ?

– Crapule !

Avec le résultat que nous étions sur la route une heure et demie plus tard.

– Pour votre pénitence, vous compterez les camions, de Blainville jusqu'à Notre-Dame-du-Nord.

– Jamais dans cent ans ! Convenons tout de suite qu'il y en aura deux mille trois cent quatre-vingt-dix-neuf.

– Paresseux !

Depuis le char de Ramsès II jusqu'à la fusée spatiale, sans doute existe-t-il maintes savantes études décrivant la fascination que les moyens de transport exercent sur l'homme. Je n'en connais aucune et ce domaine échappe à ma curiosité sans avoir jamais échappé à mes observations.

Dès l'école primaire, mon ami Jean connaissait tous les modèles d'automobiles qui pouvaient exister de par le vaste monde, croirais-je. Gentil compagnon, il ne courait pas, ne jouait ni au ballon ni à la balle, et il pouvait être ennuyeux comme quatre quand il nous arrivait de marcher ensemble et qu'au hasard des autos qui passaient devant l'école, sans couper la conversation, il l'émaillait à tout moment de mots comme Nash, Edsel ou Studebaker, pour reprendre ensuite où nous avions laissé. Je ne me souviens pas qu'il ait collectionné les petites autos et je ne suis même pas certain qu'il s'en fît à l'époque.

– À quoi vous pensez ?

– Je les conte.

Robert, lui, de famille vachement mieux nantie, avait tout un réseau de chemin de fer au sous-sol, chez lui, avec ponts, viaducs et voies parallèles pour que son train décharge les billots à la scierie, prenne un chargement de planches et continue vers la ville lointaine où il entrait en gare en criant Tchou ! Tchou ! Robert s'amusait, mais jamais autant que son père, et les trains électriques ont certainement fasciné quelques générations.

À sa retraite et ses enfants dispersés aux quatre coins de l'Amérique, mon frère a lui aussi installé un réseau ferroviaire au sous-sol. Pour son propre plaisir d'abord, pour celui de ses petits-enfants par la suite. Et je ne parle pas de la dernière maladie des millionnaires américains qui s'achètent des wagons transformés en boudoir, cuisine, salle à manger, bibliothèque, bureau, chambre à coucher, qui s'attachent à quelques convois, à prix d'or évidemment, et qui traversent calmement l'Amérique en faisant leurs affaires sur ordinateur et en regardant le paysage à travers la fenêtre sur la croisée de laquelle est vissé un cellulaire.

Sauf pour les wagons-réservoirs, les wagons-conteneurs et les vraquiers ferroviaires, si je puis dire, le train fait une retraite accélérée en Amérique du Nord et je suppose que les réseaux miniatures connaissent le même sort, car la mode est ailleurs. L'avion a remplacé le train dans l'imaginaire collectif et je connais des gens qui élaborent de précieuses collections de miniatures, sans parler des modèles en balsa que l'on construit soi-même ou des petits monstres téléguidés qui vrombissent comme des bourdons géants et s'écrasent le plus souvent avec des bruits de tôle fracassée.

Enfin, la fusée spatiale a mangé l'avion.

– Vous comptez toujours?

– Non, je conte.

– Et pourquoi pas à haute voix?

– Si vous voulez.

«L'hiver à Blanc-Sablon, en 1962, il y avait une, peut-être deux autoneiges au village, le "snow", mais les déplacements étaient surtout assurés par des chiens attelés au comético et, les jouets étant à l'avenant, j'ai vu des enfants jouer sur le plancher de la cuisine avec des toutous qui tiraient des traîneaux de fabrication maison.

«Rien de tout cela n'égale évidemment la fascination qu'exercent les véhicules motorisés et il est bien peu d'enfants qui n'aient aujourd'hui une petite auto, un petit camion, quand ce n'est pas une collection imposante répandue à la grandeur de la maison et sur laquelle papa, maman ou quelqu'un d'autre risque à tout moment de se casser la gueule en écrasant quelque roulette par mégarde.

«Je ne parle pas de la fascination des courses d'autos qui est pour moi une aberration comme la lecture est une aberration pour quatre-vingts pour cent de l'humanité.»

– Mais le camion alors?

– Il faut aller dans votre Abitibi-Témiscamingue pour connaître l'emprise de Sa Majesté le camion sur l'imaginaire collectif. Non sans raison d'ailleurs, car le camionnage est l'air, le sang, le pain et le beurre de cette vaste région. D'aucuns croient peut-être que ce sont plutôt les industries forestières et minières. Faux. Elles n'auraient pas survécu sans le train qui est né avec elles et le train s'occupe encore des transports les plus grossiers, les plus encombrants. Le train est encore bon pour le brut et l'énorme du secteur primaire. Pour la finesse, la diversité et la rapidité de distribution des produits de transformation du secteur secondaire, c'est le camion.

– Voilà!

– Pour l'automobiliste, le camion est évidemment une horreur. Plutôt immense, mais il a taillé sa place dans notre économie comme le chemin de fer l'avait fait au XIXe siècle, à coups de menteries, de prébendes et de livraisons à la pièce. «Si tu as pu l'acheter, c'est que le camion te l'a apporté.» Peu importe la façon, il est le maître de la route. Il a tout simplement dit à l'automobile: «Toé, tasse-toé!» et l'automobile n'a d'autre choix que de se tasser.

– Regardez le beau gros qui va nous doubler.

– Un train routier à 120 km/h, et les policiers ne les voient jamais. Les camions sont particulièrement appréciés les jours de pluie ou de neige quand la prudence ralentit la vitesse de l'automobiliste et que l'autre en profite pour doubler en roi lion dans une gloire de merdicité vaporeuse qui annihile toute visibilité. Ou alors par beau temps, quand vous roulez à bonne vitesse et que Monseigneur vient vous sentir le cul en menaçant de vous sodomiser par le coffre de votre voiture.

– Votre langage! Votre langage, mon ami!

– Je parle comme ils conduisent. L'automobiliste avisé et pas trop pressé s'en remettra souvent aux routes secondaires pour se rendre à bon port. Sauf que, pour atteindre votre Abitibi-Témiscamingue à partir des «régions habitées», il n'y a pas de route secondaire. Encore faut-il préciser que l'unique route qui traverse la réserve de La Vérendrye est fort bien construite, avec des voies doubles dans les côtes qui invitent les véhicules les plus lents à se ranger à droite pour se laisser doubler par les plus rapides. Aussi n'ai-je jamais trouvé les camionneurs plus polis, plus gentils que sur ce long dédale à travers les lacs et les forêts d'épinettes. Sans doute est-ce l'unique raison pour laquelle vous leur faites fête chaque été à Notre-Dame-du-Nord, à la tête du lac Témiscamingue.

– À Barraute aussi, en plein cœur de l'Abitibi.

– À Notre-Dame-du-Nord, ce sera cette fin de semaine?

– Oui, monsieur, et vous allez voir ce que vous allez voir.

En effet.

Du 1er au 3 août, il y avait plus de 700 camions au rendez-vous et la population de la municipalité passait soudainement de 1 200 à 52 000 habitants dans une incroyable fiesta, plutôt bruyante, où les brasseries font évidemment des affaires d'or, mais, au programme, il y a également la messe des camionneurs, le concours du plus beau camion, une parade où les mastodontes, souvent décorés et repeints de neuf, défilent dans leurs plus beaux atours et, le clou de la fête, la compétition où, deux par deux, les camions de même tonnage s'engagent dans la côte devant des gradins temporaires remplis à craquer et où ça hurle à cœur fendre.

Les camionneurs inscrits seulement comme visiteurs se partagent 12 750 $ pour leurs déplacements; ceux qui participent au concours de beauté «*show and shine*» se disputent 32 500 $ et les gagnants de la compétition, 32 500 $ également. Ce n'est pas tout. À ces 77 500 $ s'ajoute un tirage d'une valeur de 310 000 $, soit un camion Peterbilt, deux motos Harley-Davidson, une camionnette Ford et des prix en argent.

On comprend que les routiers viennent de partout. Le gagnant de la compétition venait du New Hampshire; celui du concours de beauté, du Michigan, et le premier prix pour les visiteurs fut remis à un camionneur de la Colombie-Britannique, à preuve que les distances n'existent pas pour les professionnels de la route.

La plupart de ces informations m'ont été données par Mélodie, car j'ai souvent pris la clé des champs durant les festivités.

– Et puis, a-t-elle ajouté toute fière, avez-vous remarqué qu'il y avait trois femmes au volant dans la compétition ?

10

L'orignal

Il sortit du fossé dans la brume à cent mètres devant moi, au petit matin. Je venais de quitter Rouyn-Noranda et je roulais vers Montbeillard et Notre-Dame-du-Nord. Heureusement que la brume avait allégé ma pression sur le champignon, sinon nous mêlions nos deux viandes à la ferraille en pleine route 101. Bien qu'il ne portât pas encore ses «boiseries» d'automne, sa carrure était franchement mâle et il ne faisait que confirmer le panonceau routier que je venais de croiser : «PRUDENCE, les animaux ne sont pas toujours sur les panneaux.»

Il sortit du fossé le plus calmement du monde, comme on sort de sa chambre au petit matin, heureux de voir un jour nouveau après une bonne nuit de sommeil, il s'arrêta en plein milieu de la route et tourna la tête pour me regarder, comme étonné de me voir surgir chez lui sans invitation à pareille heure, moi qui avais réussi à m'arrêter à quelques enjambées du colosse, dans un crissement de pneus et de freins très appuyé.

Ce soir-là dans ma chambre, je compris mieux son attitude. Cet orignal était bel et bien chez lui, car, en consultant ma carte, je constatai que nous nous étions rencontrés au bord de la baie à l'Orignal, du lac Opasatica.

Toujours est-il qu'il tourna la tête pour me regarder et, me trouvant sans doute insignifiant, il traversa la route le plus simplement du monde, se coula dans l'autre fossé, remonta le remblai, prit le temps de brouter une bonne touffe d'épilobes et disparut parmi les épinettes, le tout devant un spectateur fort attentif et combien reconnaissant de son indifférence.

La rencontre d'un orignal d'aussi bon matin amorce bien les réflexions idiotes d'un esprit qui n'a rien d'autre à foutre que de bien tenir son volant à travers un paysage identique à lui-même d'une épinette à l'autre et je repassai sur l'écran de mon occiput quelques-unes des plus belles apparitions de Sa Majesté dans ma vie.

La première me montre un beau spécimen à panache, égaré sur le terrain de golf devant la maison et poursuivi par Copain, notre chien, et Rover, celui de Bruce. Poursuivi est un grand mot. Les pleutres gardent un espace respectable entre leurs aboiements et le noble ambleur. Quand ce dernier en a marre d'entendre japper, il s'arrête, se retourne et fait mine de foncer, ce sur quoi les toutous reculent sans pour autant se taire, tandis que l'autre retrouve ses échasses et s'en va gambader jusqu'aux grands bois du treizième trou.

La deuxième vision est plus pénible. Parce que je chante dans la chorale paroissiale, j'ai droit à l'excursion annuelle en autobus vers Québec, les plaines d'Abraham, la basilique de Sainte-Anne-de-Beaupré, l'île d'Orléans et le zoo de Charlesbourg. C'est là que je vois mon premier orignal de très près, sans doute en bonne santé, mais plutôt efflanqué et très seulâtre, car, de bas en haut et de haut en bas, il arpente sans arrêt la maigre pente de son enclos, au point d'y avoir creusé un sentier profond de plusieurs centimètres. Triste situation, quand je pense à l'image suivante.

Je suis journaliste à Chicoutimi, ce qui m'amène à traverser le parc des Laurentides quelques fois par mois, jamais sans voir le grand cervidé pataugeant dans la sérénité d'un marécage et mâchouillant des feuilles de nénuphar pour le bénéfice des photographes d'agences touristiques. L'univers entier lui appartient dans une paix inégalée, si ce n'était les moustiques qui le harcèlent pour du sang. Qu'à cela ne tienne! Déjà debout dans l'eau jusqu'au ventre, il s'y plonge tout entier et l'univers se referme sur lui dix, vingt, trente secondes alors qu'un bouillon secoue la surface. Le colosse émerge, s'ébroue dans une gloire de goutte-lettes puis, laissant le calme revenir sur sa table fragile, il se remet à manger les pontons des grenouilles sans même regarder les huit automobiles qui se sont arrêtées pour l'admirer.

Il y a maintenant ce matin d'août. M'en allant à Sherbrooke, j'ai pris Helen à bord et je dois faire un crochet par Ayer's Cliff pour l'y laisser. Beauté de l'automne qui se pointe dans les Cantons-de-l'Est! Un pont nous fait sauter la rivière Tomifobia, Helen crie «Moose!» et j'arrête brusquement. Ils sont deux, venus boire à la rivière et remontés sur le talus, dépenaillés comme la chienne à Jacques. C'est que la livrée hivernale pousse par-dessus la livrée d'été et que la couturière, Madame Nature, n'a pas fini de mettre les choses au point. Sans que Monsieur arbore encore toute la splendeur de son panache, il s'agit certai-nement d'un monsieur et d'une madame qui ont des projets en tête, car tous les orignaux vivent en solitaire, sauf au moment de la chose. À peine avons-nous le

71

temps de la leur souhaiter douce et agréable qu'ils se sont enfoncés dans le taillis comme si nous n'étions pas là.

Il y a évidemment l'orignal du chasseur, aussi. Éviscéré, aplati dans la boîte de la camionnette, la tête et le panache trônant sur la cabine avec des yeux de poisson mort.

Mon boss, Monsieur Jacques, du ministère de l'Éducation à Longueuil, était toujours chanceux lors de ses chasses au Témiscamingue. Chaque automne, il partait pour une semaine chez un quelconque beau-frère sans jamais revenir les mains vides et, d'année en année, son collègue Anselme ressortait la même vieille blague :

– Ton beau-frère l'avait encore ben attaché après le poteau de la galerie ?

Mais le chasseur baise souvent le cul de la vieille, comme en fait foi cette histoire que Jean R. me ressasse de fois en fois. Avec un ami, il s'était rendu au lac Kipawa, au Témiscamingue, où on lui avait promis un fameux guide. Huit heures de route au petit moins, nuit écourtée par la nécessité de se lever matin pour rencontrer le guide dès potron-minet dans le hall de l'auberge où l'escogriffe était déjà passablement imbibé. Chemin faisant et jusqu'à l'affût, il biberonnait encore de grand cœur à même une flasque plantée dans la poche de sa vareuse, tout en «câlant» le mâle.

«*I smell moose*», répétait-il à tout moment.

– Mais il sentait le gin plus que l'orignal, précise Jean, et on a décidé de rentrer tôt.

Et voici le moment de battre ma coulpe. Je ne connais pas de viande aussi succulente qu'une mince tranche de fesse d'orignal vite passée dans du beurre brûlant et servie bleue. À moins que la langue ne soit meilleure, bouillie, égouttée, moutardée, tomatée, garnie de câpres et d'olives noires, mais je ne veux pas débattre contre moi-même.

Durant l'hiver de 1961-1962, le ministre du Travail René Hamel s'en allait à Chapais, aux portes de l'Abitibi, pour signer la convention collective des mineurs de l'Opemisca à l'issue d'une grève qui avait trop duré. Il avait invité un groupe de journalistes à l'accompagner dans l'avion gouvernemental et j'étais du petit nombre des élus. Long survol de forêts noires sur le blanc des neiges et bienvenue à l'hôtel où le repas, servi par les grévistes, avait été précédé de la mise en garde suivante :

– À votre retour, monsieur le ministre, ne racontez pas à vos collègues ce que vous avez mangé ici, car vous allez bientôt être dans l'illégalité dès votre première bouchée. La grève a été longue et dure, le portefeuille s'est aplati et c'est le petit «beu» des bois qui nous a secourus dans l'infortune. En cachette, on le partage avec vous ce midi.

Et les assiettes de se remplir, de se vider, de se remplir une deuxième fois. On l'a dit et répété, le métier des journalistes est parfois très dangereux, surtout quand en plus, à l'heure du départ, on leur glisse un paquet de viande de braconnage entre les mains.

Sans doute le moins élégant des hôtes de nos bois – comme le dromadaire, on dirait un cheval dessiné par un comité –, l'orignal en est tout de même le roi si l'on en croit les journalistes, les chasseurs et les Européens qui viennent arpenter nos interminables forêts, quoique, à défaut de se montrer plus souvent, sa discrétion l'oblige parfois à partager le titre avec l'ours noir, tellement plus cabotin et toujours en maraude autour des dépotoirs des forestiers.

Il était connu sous le nom d'élan en Europe septentrionale. À cause de ses jambes élancées et qu'on juge inutilement longues ? Nos ancêtres français ne le connaissaient sûrement pas dans les forêts du Perche et de la Normandie puisque, en le voyant ici, ils lui ont tout de suite fabriqué un nom à même le mot «oregnac», emprunté aux Basques qui pêchaient la baleine dans le golfe du Saint-Laurent.

Soit dit en passant, en fin de repas, la rime avec cognac n'est pas mauvaise non plus.

Toujours est-il que l'orignal est quasi surabondant sur les routes de l'Abitibi-Témiscamingue et que j'étais bien chanceux de me trouver sur la 101 ce matin-là, car, vers la même heure sur la 117, entre Louvicourt et la réserve de La Vérendrye, un autre spécimen est sorti du fossé et de la brume pour mêler son destin à celui d'un inconnu et à la ferraille.

J'ai lu ça dans *Le Citoyen* au déjeuner le lendemain.

11

La réserve d'Aiguebelle

J'ai devant moi une planche à fromage signée à la pyrogravure : Aiguebelle 2001.

Cette signature est de moi et c'est le souvenir de mon excursion en solitaire dans cette merveilleuse solitude de l'Abitibi où je me suis retrouvé par un matin paresseux, quasiment contre mon goût, dans le parc d'Aiguebelle.

Charles de Névair d'Aiguebelle était capitaine des grenadiers du régiment du Languedoc. Quand on a étendu la courtepointe du souvenir sur l'Abitibi, son nom est tombé sur le canton certainement le plus impropre à la colonisation, un pays de rocs écharnés, de gouffres effarants, de lacs encaissés et d'humbles collines arrondies, un pays serpenté par la ligne de partage des eaux qui sépare les bassins hydrographiques du Saint-Laurent, via l'Outaouais, et de la baie James, via l'Harricana. De ce territoire impossible à coloniser et qui a servi de garde-manger aux premiers colons avec une abondance d'ours, d'orignaux, de corégones et de brochets, on a d'abord fait une réserve de chasse et de pêche en 1945, une réserve faunique en

1980 et, finalement, un parc national de 268 km² en 1985.

J'y étais ce matin-là. Rien ne m'y obligeait que moi-même, mais je m'oblige souvent à quelque chose, comme tout un chacun, et le parc de conservation d'Aiguebelle ne m'est pas à portée d'excursion tous les matins.

Rang Hudon à Mont-Brun, quelque vingt-cinq kilomètres au nord de Rouyn-Noranda.

Au poste d'accueil, la réceptionniste, très à sa place derrière le comptoir, me saute en pleine face, dans ma tête, non dans mes bras, comme une vieille amie que je connaîtrais depuis des siècles.

– J'ai l'impression de vous avoir déjà rencontrée !

– Monsieur, tout le monde me dit ça.

– Je vous prie de m'excuser.

– Vous désirez ?

– Marcher. Mais je suis seul. Est-il prudent de marcher seul dans le parc ? Je ne me sens pas en air de me battre avec un ours dans un sentier désert.

– Où voulez-vous aller ?

– Sur la passerelle du lac Lahaie, d'abord.

– Aucun problème. Nous avons des hommes qui aménagent le sentier et leurs scies à chaîne ont certainement éloigné tous les ours ce matin.

En effet, je n'ai pas vu la moindre bête sur mon chemin et, entre hommes, nous nous sommes très cordialement salués en nous croisant.

Le parc d'Aiguebelle est encore plus hallucinant que les fossiles de Notre-Dame-du-Nord. Non pas quatre cent quatre-vingt millions d'années. Deux virgule sept milliards ! Peut-être le berceau de l'Amérique du Nord, selon Andrew Calvert et un groupe de géophysiciens québécois qui ont publié le résultat de leurs recherches dans le prestigieux magazine *Nature* en 1995.

«Dans le passé lointain sur lequel nous nous penchons, il n'existait pas de grands continents comme ceux que nous avons aujourd'hui. Nous supposons que dans l'ensemble la Terre ressemblait un peu à l'ouest du Pacifique d'aujourd'hui : une série de micro-continents bien plus petits. Deux micro-continents, poussés par des forces d'une puissance infinie, se sont graduellement collés l'un contre l'autre, 800 millions d'années avant que pareille collision n'ait eu lieu où que ce soit dans le monde. Ces deux micro-continents, Abitibi et Opatica, se sont unis pour commencer à bâtir une masse de terre plus importante qui est devenue éventuellement le Québec, le Canada et les Amériques.»

Ce texte provient d'une coupure de *La Presse* du mardi 4 juillet 1995 et je n'en sais pas davantage sur ce pays tout cassé, inhabitable, ce pour quoi la colonisation de l'Abitibi s'est faite tout autour de lui. Un pays réservé aux oiseaux, aux castors, aux orignaux et autres bibittes qui en veulent, comme les cyclistes, les campeurs, les touristes… et les géologues, bien sûr.

Me voici bientôt à une des limites du bassin versant du Saint-Laurent, au-dessus du lac Lahaie, un long miroir bleu au fond d'une fosse taillée au couteau dans le roc, sur ses deux rives.

Pour ceux qui ont le vertige, mieux vaut s'abstenir, mais quelle vision !

D'une rive à l'autre, le 5e régiment du génie de combat des Forces armées canadiennes, base de Valcartier, et le 9e escadron du génie campagne, de Rouyn-Noranda, y ont conçu et construit une passerelle longue de 64 mètres qui flotte en l'air à 22 mètres au-dessus du lac. C'est du solide, mais sans assises, sauf sur les deux rives, et quand il vente ou même quand vous marchez seul dessus, ça «swing» ou ça berce, selon votre complaisance.

Pour moi, seul dessus, ça berçait depuis le néant des âges jusqu'à ce délicieux aujourd'hui, émerveillé par le lac, par les sculptures des ères géologiques et par le travail de l'armée.

Nous ignorons trop souvent ce que notre armée fait pour nous en aiguisant ses talents.

J'étais seul sur la passerelle par un matin lumineux, hypnotisé par tant de grandioses beautés, par l'eau du lac qui semblait remonter vers moi quand je la fixais trop longtemps, et c'est en me retournant que je vis une toute petite chose sur la passerelle, une jolie paire de lunettes de dame. La dame les avait-elle sorties de son sac par inadvertance en prenant un mouchoir ? Les avait-elle laissées sur la passerelle avant de se jeter dans le lac Lahaie ? Je les mis dans ma poche et les questions me hantèrent sur le chemin du poste d'accueil.

Sur le retour, j'interrogeai les travailleurs qui construisaient un trottoir de bois sur un bout maré-cageux du sentier. Avaient-ils vu une dame passer avant moi ce matin ?

– Vous êtes le premier et le seul qu'on a vu à matin.

– Vous avez des retailles, là, au bord du sentier, je peux m'en prendre une ?

– Vous pouvez toutes les prendre, monsieur !

Voilà ma planche à fromage.

De retour au centre d'accueil, je laissai les lunettes, et la réceptionniste de me dire :

– Ah ! Vous allez faire plaisir à quelqu'un. J'ai son nom sur un bout de papier quelque part. Une dame Mélodie quelque chose, qui nous a dit les avoir perdues chemin faisant.

Je pris bien garde de répondre et je partis pour une autre excursion, celle vers le lac Sault, tout au bout du lac Lahaie, mais qui, lui, se déverse vers la baie James.

C'est sur ce sentier qu'on trouve le fameux escalier hélicoïdal, 220 marches en pleine falaise.

Du haut de mon perchoir, je n'en finissais pas d'admirer à nouveau la majesté de toute cette sauvagerie, avec les collines Abijévis au loin.

Mais, je l'avouerai, ma plus grande satisfaction fut de bientôt retrouver mon auto et ensuite ma chambre en me disant :

– Jean, aujourd'hui tu as vaincu deux de tes obsessions. Tu as piétiné des terres émergées dans la nuit des temps et tu as enfin traversé la ligne de partage des eaux entre les bassins du Saint-Laurent et de la baie James.

Faut-il être assez fou ?

12

L'évêque d'Amos

J'ai le plus profond respect pour les prêtres, religieuses et religieux qui sont restés fidèles à l'engagement de leurs jeunes années malgré que la nef se soit vidée devant eux à cause de la mésadaptation sociale des hautes autorités ecclésiastiques, mésadaptation qui se soigne à l'école primaire, mais non chez le personnel qui se pavane en rouge et en blanc au præsidium de notre sainte mère l'Église, le bras tendu, le verbe haut – en soixante-cinq langues au besoin –, le bâton de pèlerin à la main, la soutane étendue sur tous les tarmacadams du monde, des boules «Quies» dans les oreilles et les deux yeux fermés bien dur, le plus grand respect pour ceux et celles qui, sans dénigrer ni condamner l'autorité, reconnaissent secrètement que l'Église, la vraie, est la communauté des fidèles qui garde le message évangélique dans son cœur et dans son quotidien, tout en faisant fi, bien souvent, des tabous fantomatiques et des pratiques de sorcellerie accumulés au cours de deux millénaires, tabous et pratiques qui n'ont pas le moindre rapport avec le message exemplaire de la vie de Jésus, et tout en espérant aussi que les bergers du troupeau arrivent à se débarrasser un jour de l'obsession sexuelle qui les gruge depuis plus de cinq siècles et qui les rend infâmes à la moindre instance.

C'est donc avec le plus profond respect et non sans une certaine appréhension que j'ai cherché à obtenir une entrevue avec l'évêque d'Amos, qui était en vacances à ce moment, en vacances à la pointe aux Alouettes, cette longue batture qui découvre dans le fleuve à l'embouchure du Saguenay, où se rassemblent tous les poissons et tous les oiseaux du monde et où les baleines font une hécatombe invraisemblable dans le krill avant de virer bout pour bout et de retourner dans le golfe du Saint-Laurent d'où elles venaient en suivant la manne qui les précédait, où se reposent aussi les prêtres du séminaire de Chicoutimi quand ils en ont l'occasion.

Ah! la batture aux Alouettes! Un désert de vase, d'herbe et d'eau. Un désert de brumes et de marées dans des tons feutrés de vert, de bleu et de sépia avec, au large, le phare de la Toupie qui marque l'entrée – ou la sortie – du fjord et qui pleure la beauté du monde à coups de sanglots électroniques dès que les nuages se marient avec la mer dans des voiles qui nous cachent pudiquement leurs ébats.

Et les chansons du vent sur cette immensité en ballottement.

Ah! la batture aux Alouettes, alouettes qui sont de simples bécasseaux en nuées à ras des vagues, bruns quand ils s'en vont, argentés quand ils reviennent, bruns, argentés, bruns, argentés, comme un rideau de théâtre qui se balance entre des scènes qui ne finissent jamais de ne pas finir, argentés comme des rêves, comme des fantômes qui se promènent entre vos deux oreilles! Et parlant de fantômes, sans prévenir, Samuel de Champlain entre dans ma chambre pour me raconter ses souvenirs de la pointe aux Alouettes.

C'est là qu'il rencontra ses premiers Amérindiens de la vallée du Saint-Laurent, le 27 mai 1603. Le grand *sagamo* Anadabijou et ses troupes d'Abénaquis, d'Algonquins et de Montagnais y faisaient la bombe, de retour, victorieux, d'un affrontement avec les Iroquois à l'embouchure de la rivière Richelieu.

– Le lieu de la pointe de S. Matthieu...

– Maintenant pointe aux Alouettes...

– Laissez-moi dire. Le lieu de la pointe de S. Matthieu, où ils étaient premièrement cabanéz, est assez plaisant : ils estoient au bas d'un petit costau plein d'arbres de sapins et cypres. A ladicte pointe, il y a une petite place unie qui descouvre de fort loin, et au dessus dudit costau est une terre unie, contenant une lieuë de long, demye de large, couverte d'arbres ; la terre est fort sablonneuse, où il y a de bons pasturages ; tout le reste ce ne sont que montaignes de rochers fort mauvais : la mer bat autour dudit costau qui asseiche pres d'une grande demi lieuë de basse eau.

– Bien ! Bien !

Et il continua longtemps ainsi, les yeux dans le vague, comme dans la brume de cet immense estran qu'est la pointe aux Alouettes. Il me décrivait Anadabijou et ses gens qui, de toute évidence, l'avaient beaucoup intéressé.

Tellement que, le lendemain, il les invita à Tadoussac, sur l'autre rive du Saguenay, où les fêtes se continuèrent et où il eut un long entretien avec son nouvel ami, un entretien sur Dieu, le diable et la création du monde. Anadabijou prétendait qu'après avoir créé le monde Dieu avait planté quantité de flèches en terre et que, prenant racine, celles-ci étaient devenues les hommes et les femmes qui ont peuplé le monde.

Champlain lui avait rétorqué que non, que Dieu avait plutôt modelé du limon, qu'il avait soufflé dessus pour en créer Adam, à qui il avait soutiré une côte pour en faire son épouse. Anadabijou croyait en Dieu mais trouvait qu'il n'était pas trop bon. Champlain lui répliquait que Dieu était «tout bon», mais que le diable…!

Ils en étaient là à défendre chacun sa légende quand je songeai que celle de Champlain avait toujours cours quatre cents ans plus tard sans que j'y trouvasse la moindre supériorité sur celle d'Anadabijou, et je m'endormis là-dessus, un peu chagrin, avouerai-je, de constater que l'homme se nourrissait encore et toujours de légendes, non par refus du savoir, mais par manque de savoir, par ignorance totale de ses origines et du pourquoi de ses comportements.

Je dormais sans doute depuis un long moment quand je me retrouvai devant l'évêque d'Amos au bout de la pointe aux Alouettes. Le ciel était «grémi» d'étoiles. J'étais couché sur le sol au bord de l'eau et lui marchait sur les vagues, sa crosse à la main, revêtu de la mitre et de la chasuble brodées d'or par les recluses voisines de son évêché. Au-dessus de sa tête, des sternes voletaient en tenant une banderole éclairée d'une aurore boréale et où se lisait sa devise épiscopale: «Pour la vie», une devise épiscopale en français, pour une fois! Il marchait sur les vagues et s'avançait vers moi en me fixant avec bonté, mais, aussi, avec une telle intensité que j'en frissonnais et que je m'éveillai en sursaut, couvert de sueurs froides.

Ainsi donc, l'évêque d'Amos avait gardé pour devise épiscopale celle du biologiste qu'il n'avait jamais cessé d'être. Il était en vacances au lieu de ses recherches et de sa passion, mais il m'assura qu'il se ferait un plaisir de m'accueillir dans son évêché dès ses vacances terminées, ce qu'il fit avec la plus chaleureuse simplicité, et pour un pur inconnu, sans savoir pourquoi je tenais tant à le rencontrer.

C'est qu'il était biologiste quasiment de naissance, que plusieurs de mes amis l'avaient connu du temps qu'il était simplement prêtre et biologiste, accompagnant les Jeunes explorateurs à leur camp du cap Jaseux, sur le Saguenay, ou se mêlant aux recherchistes et aux élèves de Vianney Legendre à la station de biologie marine, devenue le Centre aquacole marin de Grande-Rivière, en Gaspésie.

Mieux encore, c'est lui qui avait défini le Saguenay comme un fjord à deux étages, un étage d'eau douce et un étage d'eau salée, un étage pour le brochet ou l'anguille, un étage pour les requins et la morue, un étage pour le lac Saint-Jean qui veut rejoindre le fleuve, un étage pour la mer qui veut remonter le fjord.

Comme on choisit la plupart de ses folies dès l'enfance, sans doute était-il tombé dans la biologie marine dès ses toutes premières années, alors qu'il vivait entre le ciel et le fleuve, sur l'île Dupas dans l'archipel du lac Saint-Pierre, un autre pays de brume et d'oiseaux, où des troupeaux paisibles ruminent sur le sens de la vie en regardant tournoyer autour d'eux des volées d'hirondelles des rivages qui les délivrent un tant soit peu de l'embarras des mouches et des maringouins.

Il avait fait ses études à Joliette, au pays de Lanaudière, sur la rive gauche du Saint-Laurent. Devenu prêtre, on l'avait orienté vers l'enseignement de la biologie au collège de la ville et il était allé se spécialiser à l'Université de Montréal, auprès de Vianney Legendre, un des plus grands naturalistes de l'histoire du Québec et certainement un des plus méconnus.

Alors, l'évêque d'Amos était en vacances à la pointe aux Alouettes en cette fin de juillet, et moi, je voulais le rencontrer dans son évêché au début d'août.

Cela se fit avec le meilleur entendement du monde. Connaissez-vous Amos?

Vous devriez.

Les rues ont la largeur du temps où les charretiers attachaient leur attelage de travers sur le bord du trottoir, d'un côté ou l'autre de la rue.

Amos est la ville de l'eau pure, aussi. La plus pure du monde. Le titre et la médaille d'or lui ont été décernés en février 2001 lors d'un concours à Berkeley, West Virginia, U.S.A. C'est un simple citoyen d'Amos qui avait pris l'initiative d'envoyer un échantillon en voyant l'annonce du concours sur son ordinateur. La nouvelle a vite fait des vagues dans le puits municipal, creusé dans un des nombreux eskers que les glaciers ont laissés en se retirant du pays.

Je visitai le site la veille de ma rencontre avec l'évêque d'Amos.

La guide s'appelait Mélodie, je crois, et l'eau était très pure, à ce que je sache.

L'évêque m'avait dit : « Est-ce que ça vous contrarierait beaucoup si on ne se voyait que demain, à dix heures trente ? »

Ça ne me contrariait pas le moins du monde, ce pour quoi je pus aller voir l'eau pure de l'esker et ensuite le Refuge Pageau, dont je reparlerai. Nous étions un vendredi et, le lendemain, je me mis beau, je me mis fin, j'allai d'abord visiter la cathédrale Sainte-Thérèse et me rendis ensuite à l'évêché, au bout de la rue Principale, qui n'est pas principale du tout.

À dix heures trente, j'étais sur « le spot ».

– J'ai rendez-vous avec monseigneur Drainville. Je m'appelle Jean O'Neil.

– Un moment.

On me conduisit dans un petit parloir et ce ne fut pas long en effet. L'évêque d'Amos se présenta bientôt, énorme et jovial. Je me trouvais face à une légende, avec mon caméscope, mes papiers et mon crayon. Je ne savais plus quoi dire, quoi demander, quoi expliquer. Commença alors une des plus belles conversations de toute ma vie. Conversation sur l'Abitibi, sur la biologie, l'ichtyologie, la flore, la faune, l'environnement, les Amérindiens, la colonisation, l'Église, et quoi encore.

La sonnerie de midi mit fin à l'entretien, mais il me dit :

– Revenez donc à une heure trente. Nous pourrions causer jusqu'à trois heures.

– Je puis laisser mon bataclan ici ?

– Bien sûr.

Ce que je fis. Il ne pouvait m'inviter à sa table, car il n'y a pas de ces commodités à l'évêché, que je sache, et lui-même, je crois, devait se déplacer au cégep voisin pour prendre son repas. Je n'en étais pas froissé, car j'y aurais été fort mal à l'aise, et, de retour à mon hôtel, la bière et le sandwich étaient très bienvenus.

À une heure trente, nous étions encore ensemble dans le parloir de l'évêché, et la conversation de reprendre de plus belle. Son enfance dans l'archipel du lac Saint-Pierre, l'estime pour ses parents, l'admiration pour les paysans, pour ses éducateurs de Joliette, pour ses confrères, pour son maître Vianney Legendre. L'histoire de ses recherches en biologie marine, la surprise de sa nomination comme évêque d'Amos.

Il ne connaissait rien de ce pays de lacs, d'épinettes et de mines et n'eut rien de plus pressant que de quémander une envolée, auprès d'un fonctionnaire du ministère des Terres et Forêts, pour voir son diocèse d'en haut.

Vole et vole! Atterrit ici ou quelque part, mais partout, c'est la même histoire furibonde : l'homme détruit tout, partout, non pas en son nom personnel, mais au nom de sa raison sociale. La forêt est rasée blanc raide et l'écologie prend le bord de l'enfer.

Pour un biologiste, ça ne se prend pas très bien.

Mais il est évêque d'Amos, administrateur de chrétiens qui comptent encore sur leurs pasteurs pour les accompagner sur le chemin de la vie.

Un jour, l'administration provinciale décida de centraliser tous les services à Rouyn-Noranda. C'était en janvier et il faisait un froid de loup, mais il fut un des premiers dans la rue avec les gens d'Amos pour dire au gouvernement que ce pays n'avait pas besoin de capitale régionale et qu'il s'était toujours accommodé de *nucléi* régionaux administrés par des élus régionaux, démocratiquement, faut-il dire.

Il était d'accord avec son confrère de Rouyn-Noranda, monseigneur Jean-Guy Hamelin.

La blague, c'est que monseigneur Hamelin était un sociologue et que monseigneur Drainville est un biologiste. Les gens se demandaient :

– On va-t-y avoir un jour un vrai évêque ?

À Rouyn-Noranda, ils en ont un maintenant, monseigneur Dorylas Moreau, théologien.

À Amos, le biologiste est encore là pour quelques mois.

Il me raconte tout ça en cet après-midi et je lui raconte un peu de moi-même.

Il est trois heures et je commence à ramasser mon fourbi quand il me dit :

– J'ai encore une heure.

Et nous continuons de parler. De ce pays que nous aimons. Des gens qui nous y ont fait naître, de ceux et celles que nous avons connus, qui nous ont vus grandir et qui nous ont formés.

À quatre heures, je plie bagage, je me ramasse en moi-même, un peu gêné d'avoir occupé tant de temps de ce monseigneur qui a bien d'autres choses à voir.

Nous sommes à la porte de l'évêché et je l'entends murmurer :

– Quels précieux moments ! Quels moments précieux !

Je ne pourrai jamais les lui rendre.

13

Les eskers

Quand il s'est retiré du sud au nord, le glacier a fait
son caca chemin faisant, laissant traîner de longs boudins de détritus qui marquent le trajet de son retrait,
boudins de sables, de gravier, de cailloutis qui serpentent du sud au nord le long des méridiens, du bas
Témiscamingue jusqu'à la baie James, la baie d'Hudson
et le Nouveau-Québec.

Ces boudins qui s'étirent à travers le paysage sont
des eskers, et quand ils prennent une importance un
peu plus considérable, ils deviennent moraine, comme
la moraine de l'Harricana qui, en forme de banane,
court de Témiscaming jusqu'à la baie James.

Du sud du Témiscamingue jusqu'au nord de
l'Abitibi et même dans le territoire de la baie James, on
circule dans des paysages de très faible relief avec
quelques collines, un mont ici ou là, dont l'altitude est
due pour beaucoup à l'altitude du plateau plutôt qu'à
leur élévation propre.

Par contre, circuler d'est en ouest est un jeu de
saute-mouton qui n'en finit plus. Monte, descends,
monte, descends, l'horizon n'est jamais très loin.

Fernand Miron, un spécialiste des eskers, en compte un à tous les quinze kilomètres pour un total de onze sur les 165 kilomètres entre Senneterre et La Sarre. Ce me semble très conservateur et je le soupçonne de ne compter que les plus importants, car cette route, comme celle de Val-d'Or à Rouyn-Noranda, m'apparaît comme un tapecul en continu, une amusante diversion dans un paysage qui n'en offre pas des tonnes. Et puis, calembour facile, ces eskers valent de l'or au pays de l'or. Ils couvent en effet des rivières souterraines dont l'eau, filtrée par sable, gravier et cailloutis, est d'une pureté exceptionnelle. Tout Val-d'Or boit aux sources de la moraine de l'Harricana et la ville d'Amos, dont l'eau provient de l'esker de Villemontel, a remporté en 2001, c'est dit, la médaille d'or pour la meilleure eau municipale au plus important concours international de dégustation.

Croiriez-vous qu'elle en parle? «Bienvenue au paradis de l'eau douce», qu'elle répète à tout venant.

14

Réginald

– Qu'est-ce que tu veux que je te raconte de l'Abitibi ? J'avais huit ans quand je suis parti de là.

« Mon père ?

« Il était diplômé de l'Université de Toronto en médecine communautaire.

« On restait sur la 10e Avenue à Amos. Du côté des riches. De l'autre côté, c'étaient les pauvres. Ma mère allait leur faire ses charités.

« Médecin des colonies, c'est ça qu'il était.

« J'vas te parler de Rose-Ange.

« C'était ma blonde.

« On avait cinq ans, je pense. On était assis sous des saules et on parlait des enfants qu'on aurait.

« Mon père était médecin hygiéniste des colonies de l'Abitibi, puis il a été nommé médecin hygiéniste de toutes les colonies du Québec et nous avons déménagé à Québec.

« Les libéraux ont perdu les élections suivantes.

« Je ne sais pas ce qu'est devenue Rose-Ange. »

15

À Pikogan*

Sur ses 483 kilomètres du lac Lemoine à la baie
James, l'Harricana offre plusieurs sortes de rivières:
entre autres, l'Harricana des rapides fougueux pour
amateurs de sports extrêmes, l'Harricana de la longue
patience pour qui vise la baie lointaine et l'Harricana
de la nonchalance. J'ai choisi cette dernière pour me
laisser bercer mollement par les coups d'aviron
d'André Mowatt et de Glenn Wilde, d'un tipi à l'autre
sur les huit qu'ils ont plantés le long des rives. Ma
descente de l'Harricana, toute partielle qu'elle soit
dans ses quelque 75 kilomètres, n'a donc rien à voir
avec les sports extrêmes, à moins que ce ne soit un
sport extrême que de s'initier un tout petit peu et avec
beaucoup de plaisir à la civilisation traditionnelle des
Algonquins des basses terres de l'Abitibi, en les regardant faire et en les écoutant se raconter.

Bienvenue au pays de la nonchalance, oserais-je
dire, car nous avons sauté les principaux rapides sans
équipement sur le dos et sans nous mouiller, en

---

* Ce texte a paru dans le magazine *Géo Plein Air*, numéro de juin 2004.

camionnette jusqu'à quelque 30 kilomètres au nord du village algonquin de Pikogan (le tipi), là où la route et l'Harricana se touchent presque, et nous nous sommes laissés glisser dans la rivière (*sibi*) pour nous abandonner à son long, large, paisible et confortable courant, un peu trouble par toutes les alluvions qu'il charrie des hautes aux basses terres de l'Abitibi et qu'il dépose dans le delta de la baie Hannah, avant son entrée dans la baie James.

Lorraine Ménard et Claude Blais, de Laval, nous accompagnent et c'est à deux canots (*tshiman*) que nous nous bercerons dans la nonchalance, sous l'œil sévère des épinettes, sentinelles muettes et impassibles qui montent la garde sur les deux rives et qui se coiffent parfois d'un balbuzard ou d'un pygargue, nous ne saurons jamais très bien lequel des deux, car il nous surveille d'assez loin et nous accompagnera tout de même de kilomètre en kilomètre jusqu'à la halte de ce jour.

Quand je parle de nonchalance, je prêche plutôt pour mon clocher puisque je suis assis au milieu du grand canot à ne rien faire d'autre que regarder, écouter, poser des questions et m'émerveiller devant cette solitude taciturne mais grouillante de vie cachée, que mes amis et leurs ancêtres ont apprivoisée pendant des millénaires avant de se résoudre à la sédentarisation.

Finie la vie des bois?

Pas du tout. La sédentarisation est survenue à la fin des années 1950, quand les gouvernements ont décrété l'école obligatoire. Les Algonquins ont commencé par envoyer leurs enfants dans un pensionnat créé à cette fin à Saint-Marc-de-Figuery, mais les familles éclatées ne convenaient ni aux enfants ni aux parents et les communautés algonquines ont, pour la plupart, décidé de se rassembler dans des villages. Celui de Pikogan compte 511 habitants, mais plusieurs membres de la communauté vivent encore sur leurs terrains de chasse disséminés dans les cantons qui penchent à peine, très doucement, vers la baie James.

Et puis, à Pikogan même, tout ferme pendant une semaine à l'automne. Écoles, église, magasins, services, tout. La communauté entière se répand sur les terrains ancestraux jusqu'à des centaines de kilomètres du village. Ce sont les vacances, les vacances de la vie traditionnelle que personne ne veut oublier et que les plus jeunes redécouvrent toujours avec joie.

Cela m'a été raconté par Major Kistabish avant le départ. Nous étions assis sur des souches au-dessus de la rivière, près des membrures squelettiques d'un tipi, comme il y en a un peu partout sur le territoire, prêtes à recevoir la toile et à abriter les visiteurs en une question de minutes. Major Kistabish, un diplômé en administration de l'Université Laval, est le coordonnateur du développement économique Amik, et quand on sait qu'*amik* signifie «castor», on devine qu'il y a de l'activité sur terre et sur eau. C'est Amik qui a élaboré le concept «Bercé par l'Harricana», pour attirer le touriste, bien sûr, mais aussi pour détruire les mythes que l'opinion publique charrie trop facilement sur le dos des Amérindiens.

Quant à André, notre aimable guide, il n'est rien de moins que l'agent de développement touristique d'Amik. Vigilant à la pointe de notre embarcation, il surveille aussi la bonne marche du canot de Lorraine et de Claude et il épie surtout les rives, à la recherche de quelque intéressante curiosité à signaler. Peine perdue, les rives impassibles seront avares de curiosités aujourd'hui, sauf pour l'oiseau qui, de l'une à l'autre, nous suit de loin et de haut.

Sauf pour les abris de castors, aussi. Devant les largesses de la rivière, ces abris remplacent les cabanes que l'on voit ailleurs dans leurs étangs. La plupart sont abandonnés parce que le castor a épuisé la ressource des trembles à proximité. Tant pis, il s'en construit un autre ailleurs, toujours près d'une colonie de trembles, et si l'on voit des branches fraîchement écorcées au bord de l'abri, c'est qu'il est habité.

Les rives sont identiques tout du long et d'autant plus fascinantes qu'elles offrent toute la palette des verts. Le plus tendre est celui des prêles, piquées dans l'eau même, parmi les ombelles de la berle. Sur la berge vient d'abord le pigamon, d'un vert frais, jaunissant, pigamon qui éclate d'une blanche floraison, en avant-garde des haies touffues d'aulnes et de saules. Au-delà, ce sont les épinettes, longues, grêles et presque noires. S'y mêlent les bouleaux et les trembles aux grands fûts dénudés, au bout desquels les feuillages en parasol se balancent sur fond de ciel.

Derrière moi à la gouverne, Glenn est plutôt silencieux, sauf pour un mot échangé avec André, un seul à la fois, généralement relatif à la manœuvre ou à la direction, et en algonquin, non pas pour m'empêcher de comprendre, mais parce que «c'est plus vite», m'expliquera-t-on.

«Des fois, un mot en algonquin nous en épargne dix en français.» Le français, d'ailleurs, mes guides le parlent avec une perfection et une élégance qui feraient pâlir plusieurs blancs Québécois et je ne suis pas peu étonné d'entendre des mots comme «jalonnement» et «opérations sylvicoles» là où les nôtres parleraient plus souvent de «claims» et de «bûchage».

C'est qu'en acceptant l'école obligatoire les Algonquins ont eu le choix d'une langue seconde. Les plus rapprochés de la frontière ontarienne, au Témiscamingue surtout, ont plutôt choisi l'anglais. À Pikogan, tout près d'Amos, on a choisi le français et les aînés se plaignent déjà du relâchement dans la langue maternelle.

Un joli petit rapide sera l'occasion d'un portage pour le canot de Lorraine et de Claude. Tous trois perchés sur le rocher, nous admirons Glenn et André amorcer le détour et fendre le bouillon dans le gros canot pour venir nous cueillir de l'autre côté de l'obstacle. Et le long bercement reprend vers la halte que nous atteindrons au milieu de l'après-midi.

Le tipi, éclatant de blancheur, nous attend, nous appelle là-haut dans la clairière, flanqué d'une cabane pour les guides, le matériel, et de deux tables bout à bout, comme si nous étions une famille nombreuse. Le temps d'étendre la grande bâche au-dessus de la table, de l'arrimer à des perches ou de petits arbres de la clairière, le temps de mettre nos bagages à l'abri, et la pluie commence. Ce qu'on s'en fiche! On sort les fruits, les biscuits, le réchaud est déjà en place et le thé sera prêt dans cinq minutes.

Entre-temps, les travaux commencent. Glenn fait du feu (*ishkote*) dans le rond de pierres qui en a vu d'autres et André nous entraîne dans le tipi pour nous montrer à faire notre matelas. En prévision de notre passage, Glenn avait déjà entassé un respectable paquet de branches d'épinettes près de la porte et nous apprenons à faire notre lit convenablement dans le parfum qu'on devine.

Ensuite, c'est le thé et les histoires qui commencent, toujours dans une bienheureuse nonchalance, au rythme de la fumée paresseuse qui se balance au-dessus du feu, dans une clairière où l'univers entier s'est concentré pour le reste du jour.

– Si un garçon voulait demander une fille en mariage, il lui lançait un petit bâton comme ça quand les familles étaient réunies autour du feu. Si elle le lui retournait, c'était entendu.

– C'est donc beau, un feu!

– Dans le bois, c'est toujours notre meilleur ami. On lui parle et il nous parle.

– Et notre meilleure amie, c'est la hache (*osetak*)!

Glenn en sait quelque chose, car il tourne sans arrêt autour de nous et, avec elle, il n'y a rien qu'il ne fait pas, sauf trancher la fesse d'orignal (*mos*) que nous mangerons au souper avec des pommes de terre et des oignons. Il fend du bois pour le feu, il taille des fourchettes pour tantôt faire griller la viande et la banique (*paiweshikan*) au-dessus de la braise, il coupe, ébranche, aiguise de graciles épinettes qu'ils iront planter dans la rivière au crépuscule pour y tendre le filet.

Les amateurs de sport extrême en sont maintenant à l'épluchage des pommes de terre tandis que la conversation se poursuit, toujours paisible et intéressante, accompagnée par la pluie qui tambourine sur la bâche.

– Il y a quarante ans, dit André en préparant les oignons, nous naviguions en canot seulement. Aujourd'hui, nous naviguons également sur Internet.

C'est vrai. J'ai bien remarqué que les quartiers généraux d'Amik étaient complètement informatisés, en contraste avec le petit musée du sous-sol, tapissé de cartes géographiques, de photos anciennes, bien pourvu en artefacts préhistoriques, en peaux diverses et en artisanat contemporain, toutes choses qui racontent l'histoire des aînés et la jeunesse de Pikogan.

Je profite d'une accalmie et d'une percée de soleil pour redescendre sur la berge et regarder encore une fois les rives qui m'ont fasciné toute la journée. Spectacle magique : la rivière est devenue miroir et la forêt se découpe aussi parfaitement dans l'eau que dans le ciel d'un même gris.

Les maringouins, eux, profitent de l'accalmie pour nous vrombir autour. Nous ne sommes sans doute pas très appétissants, car nous avons pris nos précautions.

Tout de même, l'éternelle question se pose encore : que mangent-ils quand nous ne sommes pas là ?

Après le festin d'orignal en deux versions, sauté par André et grillé par Glenn, les deux vont tendre le filet avec Lorraine tandis que Claude et moi observons la manœuvre. À quelque cent mètres au large dans le tournant de la rivière, Glenn enfonce une première perche, à bras seulement, dans le fond vaseux. Il y attache son filet, garni de flotteurs et lesté de plomb, tandis qu'André ramène le canot vers la berge. Au bout du filet, une quinzaine de mètres, Glenn plante sa seconde perche, y accroche l'autre extrémité du filet et l'opération est terminée. Tout cela ressemble à un rituel pour touristes crédules, mais le canot revient avec des sourires de certitude et, le lendemain, nos compères iront récupérer leurs agrès en rapportant, en prime, trois dorés (*okas*) et quatre laquaiches argentées (*obakatshisi*).

Quel déjeuner !

Le deuxième jour sera plus triste. Lorraine et Claude nous quittent. On flâne un peu en descendant le courant, puis nous leur tendons le câble et les prenons en touage avec notre moteur, car le rendez-vous avec la camionnette est à dix heures au pont de la rivière Octave.

De retour sur l'Harricana, nous utiliserons le moteur jusqu'à la deuxième étape, car la pluie menace encore. Sitôt arrivés, à peine avons-nous posé la bâche au-dessus de la table que le déluge nous tombe sur la tête. C'est l'heure du thé, des sandwichs au fromage et au jambon. C'est l'heure d'écouter la pluie et c'est l'heure du silence, un silence qu'André rompt soudain :

– Ça fait toujours quelque chose quand des amis nous quittent, hein ?

– Toujours !

Aussi bien faire la sieste, une longue sieste que ni l'éclair ni le tonnerre n'arriveront à déranger vraiment.

La pluie nous empêchera de continuer notre descente jusqu'à l'île Splendide, une île aux nombreuses cabanes, plutôt déserte en été, mais un rendez-vous pour nombre de chasseurs et de trappeurs dès l'automne.

Ce sera donc une autre soirée près du feu, une autre soirée de récits. Celui de Glenn qui raconte la mort soudaine de son père en forêt. Ils étaient seuls. Glenn tente vainement la réanimation et, c'est de rigueur, il l'abandonne en forêt pour aller chercher des témoins et de l'aide. Soit dit en passant, tous les guides ont suivi des cours de réanimation cardiaque et de secourisme en région isolée.

Tiens! un castor vient de quitter l'autre rive pour se diriger vers nous. À peine lui voyons-nous la tête hors de l'eau. C'est le V de son sillage qui le trahit en s'étirant et en s'élargissant sur la rivière. Sans succès, Glenn l'appellera à petits cris étouffés. Il prétend pouvoir appeler aussi bien les oiseaux que les bêtes, mais il refuse de donner des démonstrations «pour rien» quand ils ne sont pas là. Quand il part seul pour le bois, outre son fusil et sa canne à pêche, il n'apporte que de la farine, du saindoux et de l'eau.

– Je dois attraper mes repas, dit-il.

Je pose beaucoup de questions. André, lui, en a une qu'il retenait.

– Puisque vous êtes écrivain, je suppose que vous écrivez bien.

– Euh…

– Après un auxiliaire, comment fait-on pour savoir s'il faut utiliser le participe ou l'infinitif avec les verbes en «er»?

À soixante-quinze kilomètres d'Amos, dans la solitude des forêts qui descendent vers la baie James avec la rivière, je suis à mille lieues de la grammaire française et la question me renverse. J'explique, tout de même, et André éclate de rire en se tapant dans les mains.

– J'ai encore appris quelque chose aujourd'hui !

Au grand air, la pluie favorise le sommeil et nous met au lit assez tôt. Demain, on décampera et, en route pour le pont de la rivière Octave dans le grand silence de l'Harricana, nous recevrons avec émotion les adieux d'un garrot de Barrow, d'une loutre, d'un autre castor, d'une jeune femelle orignal, d'un grand héron et de l'oiseau gardien qui, d'épinette en épinette, remontera la rivière avec nous pour s'assurer de notre départ.

C'était un bien beau voyage, une cure de nonchalance pour âme nerveuse.

Du camping sauvage avec des gens fort civilisés.

16
Les épilobes

Dans les eaux dormantes des fossés qui bordent les routes du Québec fleurit d'abord la salicaire, rouge, un peu moins que le sang, mais rouge à grandeur des chemins d'été qu'elle accompagne. Plus on avance vers le Nord toutefois, plus la salicaire cède sa place à l'épilobe, qui fleurit rose tirant sur le violet, quasiment entre les jambes de l'orignal, qui fleurit rose tirant sur le violet dans une espèce de magenta qui décore tout un morceau de pays.

Fin juillet, c'est comme l'ancienne frange des prélats ou comme la frange des anciens prélats qui s'étale par bancs entiers sur le paysage et, bien au-delà des fossés, encadre aussi les champs cultivés, suit les rivières dans les méandres de leurs caprices, envahit les terrains vagues et colore du même coup le désert noir des brûlés, jusqu'à la marge des marécages, comme une frise omniprésente encore que discontinue.

L'épilobe accueillit le colon de 1860 comme il avait timidement accompagné l'Amérindien depuis des millénaires dans la solitude de ses grands espaces où il se trouvait bien, abandonné à la nature avec la nonchalance des aborigènes, chasseurs et pêcheurs qui se contentaient de sillonner bois et rivières sans attaquer massivement le couvert forestier. Mais sous la hache des défricheurs et l'abondance des abattis qui, dans la nuit, signalaient l'avance des champs, l'épilobe y alla d'une audace, d'une hardiesse digne du nouveau venu et l'accompagna dans tous ses déplacements.

Faut croire que chacun s'y habitue car personne n'en parle, et pourtant, tout l'Abitibi-Témiscamingue s'en maquille en quelques semaines, comme le pissenlit jaunit nos pelouses au printemps, comme la marguerite et l'épervière diaprent les prés en juin et comme les asters viendront signer les beaux jours de l'automne partout où le soleil pourra les rejoindre.

Or, marchant le long de la rivière Loïs, à Poularies, durant le festival du Bal des foins, j'ai entendu un goglu chanter :

Le pays en juillet en août
Se met du magenta aux joues
Oui à chaque saison sa robe
Ici l'été c'est l'épilobe

17

Loup, y es-tu ?*

Il va de soi que je n'ai jamais rencontré François d'Assise ou le frère André, mais j'ai beaucoup lu sur ces deux compères, sur leur personnalité exceptionnelle et mal définie, et, me croira qui le veut, il m'a semblé les reconnaître dans le rang Croteau, à Amos, quand je me suis retrouvé en compagnie de Michel Pageau. Je ne parle pas, ici, de sainteté ou de vertu, car je ne suis pas grand clerc en ces domaines, mais pour ce qui est du charisme de cet homme envers ses semblables ou envers les bêtes, il est aussi perceptible qu'un courant électrique de forte tension. Les enfants veulent lui parler, le toucher, et ils glissent parfois des messages dans ses poches. Les adultes veulent lui serrer la main, être photographiés avec lui. Les corneilles, les gélinottes se perchent sur son doigt. On l'a dit, on l'a entendu, on l'a filmé : il parle avec les loups.

Et il fait tout pour guérir les animaux blessés qu'on lui apporte d'un peu partout, comme on présentait des lépreux à qui donc ?

---

*   Ce texte a paru dans le magazine *Géo Plein Air*, numéro d'août 2004.

Pour un visiteur qui, enfant, faisait entrer des couleuvres dans le col de son tee-shirt et les faisait sortir par le bas de sa culotte, qui tenta vainement de domestiquer des moufettes et d'apprivoiser le plus joli des renards, qui cachait dans son pupitre les oiseaux morts trouvés sur le chemin de l'école, pour ce visiteur, la rencontre avec Michel Pageau s'apparente au cri primal qui a été retenu plutôt que hurlé.

Pas de demi-mesure, cet homme est énorme à tous points de vue et s'il faut le comparer à quelque autre personnage légendaire, sa barbe, son tour de taille et la tuque rouge qu'il porte en hiver l'identifient assez facilement au père Noël, celui des animaux peut-être. Comme lui, il a son royaume et ce royaume, plutôt modeste en superficie mais riche d'un humanisme aussi rare que particulier, n'a de sujets qu'à plumes et à poil.

Visiter le royaume de Michel Pageau, c'est se demander comment il a réussi ce qu'il a réussi, mais le visiter en sa compagnie, c'est rester plutôt bouche bée sans pouvoir poser beaucoup de questions, car dans notre univers de plus en plus complexe la bonne vieille simplicité ne souffre pas d'explications.

Michel Pageau a quitté l'école à 12 ans, en 6e année, sur la recommandation non équivoque d'un inspecteur du département de l'Instruction publique. Il n'était pas turbulent, mais dérangeant parce qu'inattentif et inappliqué, emportant en classe les oiseaux et les bibittes vivantes qu'il traînait dans ses mains, dans ses poches et dans son sac d'écolier.

Il détestait l'école où il avait connu les caresses de la «strappe» et, même durant les vacances, il faisait des grimaces au bâtiment quand il passait devant.

Son école à lui dans son Amos natal, c'était la nature et, à l'époque, elle était plus proche de la ville qu'elle ne l'est aujourd'hui. Il sortait de la ville pour gagner les fermes, les champs et les bois tout de suite attenants. Il y guettait les bêtes, les écoutait et leur parlait à l'occasion.

– Les jeunes ne peuvent plus faire ça. La ville s'étend, les banlieues s'éloignent.

Oui, rejoindre la nature, cela devient toute une expédition pour les décrocheurs d'aujourd'hui et Michel Pageau n'est certainement pas un exemple à proposer aux ados à qui l'école fait friser les ongles, car leur nombre triplerait certainement en moins de rien et, pour un qui a réussi, combien piqueraient du nez ?

Il n'a pas quitté l'école pour traîner dans les rues. Il s'est tout de suite inscrit à l'école de la nature, regardant, écoutant, apprenant. Puis, nécessité oblige, il devint pêcheur, chasseur, trappeur, taxidermiste pour gagner sa vie et, quelques années plus tard, pour nourrir sa famille.

Un jour, il n'a plus eu besoin des bêtes pour survivre et il a pris une grande décision.

– Les animaux m'avaient aidé. Quand je n'ai plus eu besoin d'eux, j'ai décidé de les aider.

Ce fut, avec l'appui de tous ceux qui fréquentaient ce drôle de bonhomme – y compris l'inspecteur qui lui avait fait la grâce de le mettre à la porte de l'école –, ce fut, dans un méchant bout de terrain inutile avec son ruisseau, ses bocages et ses marécages, ce fut la création d'un asile, d'un hôpital pour animaux blessés, ou orphelins, devenu aujourd'hui le Refuge Michel Pageau, de renommée internationale.

Quant au fondateur lui-même, *L'Express international* en a fait un des cent plus grands Québécois !

Son arche de Noé nouveau genre n'accueille pas d'éléphants, de lions, de grizzlis ou d'ours polaires. On y rencontre seulement des représentants de la faune des environs d'Amos apportés par des agents de la route, des agents de conservation ou de simples particuliers. Ce sont des bêtes à qui la vie a donné une baffe : cerfs ou orignaux blessés par une automobile, louveteaux, oursons et renardeaux devenus orphelins par la malice d'un piège ou d'un coup de feu, oiseaux trouvés au sol, victimes d'une bagarre ou assommés dans une vitre. Ils sont quelques centaines, dans des enclos s'ils ont besoin de protection ou s'ils sont une menace pour les autres pensionnaires, ou en toute liberté comme ces oies, canards et autres volatiles qui, souvent, s'invitent d'eux-mêmes sur les étangs.

L'âge aidant, le maître des lieux a confié l'entreprise à un directeur, un comptable, un administrateur, mais il en reste l'âme et l'animateur. Son bureau, c'est le pavillon d'accueil où sa femme Louise l'accompagne. Au mur, des peaux et des bêtes empaillées témoignent de ses anciens métiers. Dans ses mains parfois, une martre ou un raton bien vivant raconte la suite, tandis que Louise nourrit une hirondelle au compte-gouttes. Les visiteurs – du 24 juin au 1er septembre 2002, ils sont venus 30 000 et hier ils étaient 550 –, les visiteurs le reconnaissent, lui parlent, lui serrent la main et veulent se faire photographier en sa compagnie. Avec ses loups, il est la vedette des lieux.

À l'ouverture ce matin, le stationnement était plein au tiers et l'accueil connaissait un tel brouhaha qu'on s'en fut causer dans un petit bureau attenant. L'homme est prisonnier de son succès. Il s'y prête avec simplicité, amabilité, mais on sent qu'il s'en passerait volontiers.

– On me prend pour les Beatles ! Les enfants me sautent dessus comme si j'étais leur père. Ils glissent des lettres, des poèmes dans mes mains, dans mes poches. C'est très émouvant. Un enfant m'a écrit que j'étais descendu du ciel pour sauver les animaux. Une

110

petite fille m'a écrit pour me raconter ses rêves. Chaque nuit, un loup courait après elle. Un jour, un homme est venu qui a arrêté le loup. C'était moi! Que voulez-vous que je fasse? Je ne peux pas les embrasser ni répondre à tout le monde. Et puis, on m'a déjà demandé si je savais parler aux poissons rouges...

Il a reçu de la correspondance ou des visiteurs de 91 pays. Aujourd'hui, il a deux invitations dans les mains. Une pour l'Ontario et l'autre pour le Mexique.

– Je ne peux pas aller en Ontario. Je ne suis pas raciste, mais je ne comprends pas un mot d'anglais. Et le Mexique...?

Les Québécois se font maintenant très pressants auprès de lui bien qu'ils aient été les derniers à le découvrir, particulièrement avec ce film de l'ONF, *Il parle avec les loups*.

– Un jour, il m'arrive une Française qui voulait voir un loup, toucher un loup. Je ne promets jamais rien parce que les loups ne répondent pas toujours. Ils ont leur instinct et leur tempérament. Il y a des personnes qui ne leur reviennent pas. Des fois, il n'y a pas plus gentleman que ça, mais s'ils ont un mauvais coup à faire, ils le font.

Et Michel Pageau de me montrer son avant-bras orné d'une cicatrice de deux centimètres, souvenir d'un bon coup de dent.

– Ma Française a vu le loup, lui a parlé; le loup a répondu, elle a touché le loup. C'était le rêve de sa vie. Elle m'a sauté dans les bras en pleurant. Avec son amie belge qui l'accompagnait, le loup n'a rien voulu savoir.

Au mur, des étagères pleines de livres sur les oiseaux, les animaux.

– Vous avez lu tout ça?

– Non! Je regarde les photos des oiseaux et leur nom en dessous. Je les connais tous par cœur. Je suis capable d'écrire, de compter; je sais lire, mais quand j'ai lu le premier paragraphe d'un article, je sais déjà la fin.

Assez causé, nous partons faire le tour du propriétaire. Dans les sentiers, les visiteurs se détournent des guides pour le manger des yeux. Il les salue poliment mais se sent plus familier avec ses pensionnaires qu'il appelle par leur nom.

Devant l'enclos des orignaux, Georgette, Germaine et Agathe accourent avec Gérard pour grignoter la petite verdure qu'il leur offre. Ceux-là ne quitteront pas le refuge de leur vivant. Trop habitués à l'homme, ils se précipiteraient vers les chasseurs s'ils en rencontraient en forêt. Les bêtes nées au refuge ne sortiront pas non plus parce qu'elles n'ont jamais connu la forêt. Les autres sont retournées à leur milieu dès qu'elles sont rétablies.

Non loin, des oursons recueillis à Chibougamau grimpent dans le treillis avec l'espoir de jouer ou de grignoter quelque gâterie. Suitée de son faon qui n'a pas encore de nom, la biche Joséphine vient nous dire bonjour. Chaton le lynx n'a pas l'air de bonne humeur ce matin mais Cocotte la corneille se perche sur le doigt du maître et lui fait toute une jasette. Le pygargue, arrivé d'hier, n'a aucune façon.

Chemin faisant, je lui demande s'il reçoit des subventions de fonctionnement.

– Pour le fonctionnement, jamais. On a reçu des subventions deux fois. Une fois pour faire des clôtures en treillis. Quand le ministre est venu nous visiter, il a dit : « Ah! que j'aime donc ça voir où mes subventions sont passées. » L'autre subvention, c'était pour faire nos trottoirs de bois il y a deux ans. Regarde ce sapin qui est en train de mourir au bord du sentier. Pourquoi ? Parce qu'il avait une partie de ses racines en dessous du sentier et qu'on lui marchait dessus sans arrêt. Qu'est-ce que tu ferais si on te marchait sur les orteils à longueur de journée ? Avec nos trottoirs surélevés, on ne perdra plus d'arbres.

Ironie de la vie dans un refuge pour animaux blessés, voici les cages où il élève des souris.

– Faut bien nourrir les rapaces qui nous arrivent et leur apprendre à se nourrir eux-mêmes quand ils seront de retour dans leur milieu.

Nous voici maintenant devant un des étangs, plein d'oies et de canards de toutes sortes. Ils se tiennent à distance, sauf un caneton qui piaille et tourne en rond tout près de nous.

– Il n'est pas correct, ce canard-là.

– Ma foi, il a l'air de bien bonne humeur.

– Non ! Quelque chose ne va pas. Regarde là-bas, sa mère l'attend.

– Vous croyez ?

– C'est sûr !

Il s'avance pour l'attraper. Le caneton s'éloigne et, comme le boss n'est pas chaussé pour mettre pied à l'eau, je longe la rive, j'entre dans l'étang et, en barbotant, lui pousse le petit, qu'il attrape. Le diagnostic n'attend pas trente secondes.

– Il a reçu un coup de bec dans l'œil et la paupière est collée. Il tourne en rond parce qu'il ne voit que d'un œil.

Délicatement, il lui dessille l'œil, le fait ciller un peu, remet le petit à l'eau, et la boule de duvet file en droite ligne vers sa mère devant un témoin muet de… de… de stupéfaction.

Et voici le moment fatidique devant l'enclos des loups.

– Bonjour, Ché-ché ! On voit pas les autres. Ils sont couchés sous les ponts pour la fraîcheur.

Je ne sais pas très bien évaluer la bonne humeur des loups, mais Ché-ché ne me semble pas très jasant aujourd'hui. D'autres visiteurs accourent et font cercle autour de nous dans l'espoir d'entendre le maître parler avec ses loups et, sans avertissement, une suite de sons gutturaux impossibles à reproduire déchirent le calme de ce beau matin.

Aucune réponse et Ché-ché nous regarde d'un air suspicieux, dédaigneux, comme s'il n'avait rien entendu.

Bah! me dis-je, les loups ne répondent pas toujours...

Ce doit être à cause des autres visiteurs!

18

Lance et compte

Serge Savard a accepté de me recevoir à son bureau, au sixième étage du Château Champlain.

Encore vous, monsieur de Champlain!

Je ne suis pas privilégié. Je crois que monsieur Savard reçoit tout le monde.

Il est originaire de Landrienne, sur la ligne du Transcontinental en Abitibi. Son père y était maire.

Mais il est né à Montréal.

– Il était un trop gros bébé, me dit une confidente. Pour la sécurité de la mère et de l'enfant, l'accouchement s'est fait à Montréal.

Je crois que la confidente s'appelait Mélodie.

Il est encore énorme. Énorme à faire peur, s'il n'était si doux, si bon.

J'ai moi-même toujours eu une folle admiration pour saint François d'Assise et je sais que lui s'occupe des finances des franciscains, qui n'en ont pas beaucoup, ça va de soi, «pour me gagner des indulgences», dit-il.

Toujours est-il qu'il me reçoit en la plus parfaite civilité, sans la moindre cérémonie, les bretelles sur la chemise, et je lui dis bêtement le but de ma visite:

– Parlez-moi du hockey.

– Vous voulez savoir quoi ?

– Je veux savoir comment vous avez appris et comment les autres ont appris.

Immense éclat de rire.

– On mettait nos patins en revenant de l'école le vendredi après-midi et on les enlevait avant de retourner à l'école le lundi matin.

Ce sont les gens du Nord et du Far West. L'été, ils pouvaient jouer dehors jusqu'à dix, onze heures, tant le crépuscule se prolongeait.

L'hiver, ils étaient confinés à leurs demeures dès l'après-midi et, de parent à parent, des associations se formèrent pour occuper les enfants. Avec le froid qu'il faisait dehors, le hockey était tout choisi.

Un des héros de mon enfance, alors que je jouais du hockey-bottines, était Bill Durnan, le gardien de but du Canadien. Il a longtemps détenu le record de quatre blanchissages en ligne, battu par Bryan Boucher, des Coyotes de Phoenix, durant la saison 2003-2004. Or, Durnan était de là lui aussi, juste de l'autre côté de la frontière ontarienne, Kirkland Lake, et son chandail voisine ceux de Ted Lindsay, le chum de Maurice Richard – ces deux-là s'aimaient à se tuer –, et de Dick Duff, dans un musée des célébrités de la place.

Du côté québécois de la frontière à cette latitude, c'est la même température, le même hiver, les mêmes patinoires et le même sport, à La Sarre et à Amos comme à Landrienne.

– Il y avait une pièce, au sous-sol, où la table était mise à longueur de journée pour nous et nos coéquipiers. On jouait une partie, on rentrait pour prendre une bouchée et pour quelque autre nécessité. Le plancher était couvert de gazettes. On n'avait pas besoin de se déchausser. On n'était pas sitôt partis que la table était renouvelée et qu'on pouvait revenir manger avant la période suivante, car j'ai pas besoin de vous dire que la patinoire municipale n'était pas loin. Compagnons ou adversaires, tous savaient que c'était un refuge, mais pas un refuge pour la bagarre ou la discussion. Un refuge pour l'amitié et la restauration.

Monsieur Savard est énorme, je le répète, et je ne puis oublier une image de lui, cette partie des finales de la coupe Stanley, je ne sais plus quand. Défenseur, il est à la ligne bleue adverse, se préparant à conjurer la sortie de l'ennemi. Mais voyant soudain la rondelle libre derrière le filet et tous les autres joueurs occupés à autre chose, il se précipite vers la bande, prend possession de la rondelle, se retourne, revient sur lui-même et la met dans le filet au grand désarroi du gardien qui s'attendait à tout sauf à ça.

Ils n'arrêtaient pas de jouer au hockey, là-bas. Souvent, ils ne faisaient que ça.

Mon ami Michael me dit:

– Ils n'avaient pas d'autre chose à faire. Pas de cinéma, pas de télévision.

Même chose au nord des provinces de l'Ouest. On prenait soin de nourrir les enfants, de les aider à grandir et, pour les occuper, on les faisait jouer au hockey, car il n'y avait rien d'autre à faire en hiver.

Alors, ils ont joué au hockey. Sans être des cancres, tout de même.

Les succès financiers de Serge Savard ne lui sont pas tombés du ciel.

On peut aussi évoquer la carrière de Rogatien Vachon, gardien de but qui mérita une coupe Stanley au Canadien avant de prendre le chemin de Los Angeles. C'était un simple petit gars de Palmarolle, ville qui lui doit maintenant une bonne part de son aréna, et son nom en plus. Et après avoir été un bon gardien, il est devenu un administrateur respecté, toujours dans l'organisation des Kings.

On peut encore citer Jacques Laperrière, Dave Keon, Réjean Houle, Pierre Larouche, Éric Desjardins, les frères Pierre et Sylvain Turgeon, et tant d'autres qui faisaient « Lance et compte ! », sauf quand Bill ou Rogatien étaient devant le but.

Après le cuivre et l'or, c'est le hockey qui a fait connaître l'Abitibi-Témiscamingue à l'Amérique du Nord.

19

Un tour du chapeau

Le hockey mène à tout, même au chapeau cardinalice, pourvu qu'on s'y casse une jambe à l'âge de dix-sept ans sur une patinoire de La Motte, en Abitibi, un 13 janvier 1961, et qu'on ait sous la main, pour tolérer sa convalescence, les manuscrits autobiographiques de Thérèse Martin, carmélite, alias sainte Thérèse de l'Enfant-Jésus.

Marc cardinal Ouellet a reçu le chapeau cardinalice depuis peu et nous nous rencontrons au palais archiépiscopal de Québec, dans ses appartements, au-dessus de la côte de la Montagne, sentier séculaire du va-et-vient entre la haute et la basse-ville, entre Québec, l'Amérique et l'Europe, au-dessus du fleuve qui est à l'origine de toutes les aventures de ce pays, ecclésiastiques ou autres, au-dessus du fleuve qui est toujours l'artère principale de ce pays, moins pour le voyage des gens que pour le transport de leurs nécessités premières, soleil, pluie, saisons, marchandises diverses qui remontent le courant ou s'y abandonnent dans un incessant va-et-vient qui est la vie même.

La rencontre s'est faite le plus simplement du monde. J'étais arrivé avant l'heure et le portier en avait profité pour me faire visiter le salon des évêques de Québec. Le cardinal Ouellet est le vingt-quatrième évêque, le quatorzième archevêque et le septième cardinal de ces lieux. Nous redescendions le grand escalier quand monseigneur est revenu d'une quelconque réunion, et, voyant le portier sans me voir dans le tournant de l'escalier, il demanda simplement :

– Quelqu'un est-il venu pour me voir ?

– Oui, monsieur O'Neil que voici.

Simple poignée de main et cordial bonjour. Cette franche simplicité m'intimide tout de même au plus haut point. Ou sont-ce les lieux ? J'ai déjà mis le nez dans tous les édifices historiques de Québec sauf dans celui-ci, d'une somptueuse austérité patinée par des années de pas feutrés et de paroles discrètes. Non. J'avais déjà interviewé le cardinal Maurice Roy, mais dans quelque parloir d'où je n'avais vu rien d'autre que lui et c'est déjà loin.

– Nous allons, nous allons... Bah ! suivez-moi donc, ce sera plus simple.

Je le suis dans un autre escalier qui mène à ses appartements. Il m'installe dans son bureau bibliothèque et continue plus loin pour enlever son manteau et faire ses petites affaires. J'en profite pour mettre un peu mon nez dans sa bibliothèque. Pas d'Amélie Nothomb, de San Antonio ou de Maigret. Tous des livres de noble tradition.

J'en profite surtout pour regarder dehors et je me retrouve perché au fin haut de la côte de la Montagne. Tout à coup, les principaux bâtiments de la basse-ville disparaissent, le temps s'efface jusqu'au 16 juin 1659, et que vois-je arriver dans l'éclatant crépuscule de cette fin de printemps ? Un bateau qui balance mollement ses voiles et vient s'ancrer dans la rade du cul-de-sac. Le Tout-Québec sait que le premier évêque de la Nouvelle-France est à bord. Parti de La Rochelle le 13 avril, il a passé neuf semaines en mer et passera encore la nuit à bord, ne descendant que demain, quand une procession viendra l'accueillir. En ce lendemain, le vent joue dans les surplis, dans les bannières et, parmi les cantiques, François-Xavier de Montmorency Laval gravit la côte de la Montagne pour venir s'installer ici même, premier évêque de Québec et fondateur de l'Église canadienne, ce pour quoi Marc cardinal Ouellet en est aujourd'hui le primat.

À savoir qu'il est bien autre chose aussi : élu évêque titulaire d'Agropoli et nommé secrétaire du Conseil pontifical pour la promotion de l'unité des chrétiens le 3 mars 2001, il reçut la consécration épiscopale des mains du pape Jean-Paul II le 19 mars dans la basilique Saint-Pierre de Rome. Le cardinal Ouellet a été consulteur de la Congrégation pour la doctrine de la foi et de la Congrégation pour le clergé. Il est actuellement consulteur de la Congrégation pour le culte divin et la discipline des sacrements, membre du Comité pontifical pour les congrès eucharistiques internationaux et conseiller de la Commission pontificale pour l'Amérique latine. Il est aussi membre de l'Académie pontificale de théologie.

On rit pas quand on pense au petit garçon qui a commencé à jouer au hockey-bottines devant la maison au coin des rangs 4 et 5 sur la route de La Motte à Amos vers 1950 !

Dans la lettre où je sollicitais audience, il était bien précisé que je ne voulais rien savoir de la planification des naissances ou du célibat ecclésiastique. Je voulais que le cardinal me parle de son enfance en Abitibi et de sa montée vers le chapeau. La réponse est venue rapidement. Pressé de toutes parts, le cardinal pouvait seulement m'offrir l'heure du souper en ce 17 février, rien de plus.

Croyez-vous que j'allais refuser?

Je croyais que l'accident du 13 janvier 1961 avait mis fin à une première carrière, car c'est bien connu, l'hiver en Abitibi, à moins de se lancer dans les mauvais coups, les jeunes n'avaient rien d'autre à faire que jouer au hockey et je m'étais fait une chronologie des plus réputés hockeyeurs contemporains du cardinal pour savoir s'il avait joué avec eux, contre eux, les Serge Savard, Jacques Laperrière, Rogatien Vachon, Réjean Houle et autres.

– Jamais de la vie! J'ai commencé trop tard et je n'étais pas assez bon. J'ai commencé à patiner vers douze, treize, quatorze ans. À quinze ans, avec un instructeur de l'école normale d'Amos, j'ai fait des progrès très rapides. On jouait contre d'autres écoles, contre d'autres villages. Mon meilleur hockey, je l'ai joué à Val-d'Or quand j'étais vicaire. Je jouais avec des gars qui avaient été dans le hockey junior. À vingt-cinq ans, j'étais plus résistant qu'eux, déjà dans la trentaine avancée, mais ils connaissaient leur hockey mieux que moi. Là, j'ai rencontré Michel Brière qui a connu des débuts fulgurants avec Pittsburgh et qui est mort l'année suivante des suites d'un accident d'automobile. L'aréna de Malartic lui est dédié.

«J'ai joué au grand séminaire de Montréal, aussi. On jouait contre l'Université, contre les Pères des missions étrangères. Mais c'était toujours très amateur.»

– Vous avez continué après votre accident et vous jouez toujours?

– C'est beaucoup dire. J'ai recommencé dès l'année suivante. Je joue plutôt rarement. Je patine toujours, j'aime beaucoup ça.

«Curieux, comme c'est arrivé. Cet après-midi-là, je ne voulais pas jouer car j'avais autre chose à faire. On a insisté, j'ai joué et puis...»

... Et puis sainte Thérèse de l'Enfant-Jésus est intervenue pour lui inspirer son avenir. Étudiant à l'école normale Monseigneur-Desmarais d'Amos, il voulait devenir enseignant, il voulait devenir prêtre, il voulait devenir missionnaire, il allait devenir tout cela avec un cheminement minutieux, jamais remis en question.

***

Les lacs La Motte et Malartic sont de simples anévrismes de la rivière Harricana qui coule vers Amos en route pour la baie James. La municipalité de La Motte, en bordure du lac, est à quelque trente-cinq kilomètres au sud de la ville mère de l'Abitibi. Marc Ouellet y est né le 8 juin 1944, au coin des rangs 3 et 4. La maison n'existe plus. Un monument la remplace, érigé à la mémoire des pionniers par son frère Paul, artiste peintre, sculpteur et professeur.

Ses grands-parents maternels étaient venus de La Tuque en 1917, avec la première vague de colonisation. Les concessions étant désignées d'avance, ils étaient descendus du train à Amos et avaient remonté l'Harricana jusqu'à la leur, à La Motte. Côté paternel, son père avait douze ans en 1931 quand ses parents ont quitté Albanel, au Lac-Saint-Jean, pour, eux aussi, s'installer à La Motte, dans la deuxième vague de colonisation, largement subventionnée celle-là, pour atténuer un tant soit peu l'âpreté de la récession qui suivit le krach de 1929.

Oui, de Wall Street au Lac, l'onde de choc fut très rapide.

On voit également dans ces déplacements un effet de la revanche des berceaux. Il faut des raisons quand il s'agit de quitter un pays de colonisation pour un autre et une de ces raisons c'est que chez soi il n'y a plus de place pour soi quand on est membre d'une famille de onze enfants et que vient le temps de s'établir.

À douze ans, le père du cardinal avait terminé ses études, car l'école de La Motte n'allait pas plus loin.

– À cet âge-là, il en savait autant que la maîtresse !

Ses études, il les poursuivit tout de même à la lecture du *Devoir* et des œuvres de Lionel Groulx dont il était un lecteur assidu, sans parler de son admiration pour Henri Bourassa. Il se mit également à gagner sa vie, un peu sur la ferme, un peu dans les bois, et comme c'était un intellectuel autodidacte, on fit de plus en plus appel à lui pour la comptabilité et les écritures.

– Mon père écrivait sans fautes.

De mesureur de bois il devint bientôt le scribe des conseils municipaux, des commissions scolaires, des syndicats d'agriculteurs puis, tâche plus délicate, inspecteur vérificateur des comptabilités des commissions scolaires. En couronnement de carrière, il fut le directeur fondateur de l'école polyvalente Harricana, à Amos, quand la régionalisation scolaire suivit la création du ministère de l'Éducation en 1964.

Élevé avec de nombreux frères et sœurs à plus d'un kilomètre du vrai village, Marc Ouellet grandit assez solitaire, faisant de longues courses avec son chien Café qui le suivait à la pêche et l'aidait surtout à la chasse.

– Il levait les perdrix. Elles allaient se percher. Je tirais et il me les rapportait. Un automne, j'en avais tué trente-deux et j'étais très fier car j'en avais tué plus que mon père.

Patient, il pouvait passer des journées entières à la pêche sur le pont de la crique à Bellefeuille pour n'en revenir parfois qu'avec un seul poisson, doré ou brochet, mais la rivière était souvent plus généreuse. L'hiver, c'était la ronde des collets et sa carabine 22 à un coup ne ménageait pas les lièvres non plus.

– J'ai en ai déjà tué un à la course.

C'était aussi la ronde des étoiles, car l'atmosphère n'est jamais aussi transparente qu'aux grands froids de l'hiver et leur observation était riche d'enseignements. À La Motte, la nuit est noire pour de vrai et les étoiles ne se comptent plus.

– Le ciel était étoilé, je vous assure, et je me suis souvent retrouvé dehors avec mes jumelles pour faire des observations à moins vingt degrés. Je pouvais identifier les constellations, la grande nébuleuse d'Andromède et j'étais fasciné par la Voie lactée. Cela menait à des réflexions plus philosophiques que scientifiques et je me posais des questions sur Dieu, la cause première, le principe de toutes choses. Je lisais, aussi. Je lisais sur ces mondes infinis et je me demandais ce que nous faisions, nous, sur cette poussière qu'est la Terre. D'où venons-nous ? Où allons-nous ? Cela a orienté ma quête de vocation qui s'est présentée, pour une part, sous un angle intellectuel. Les étoiles m'ont mené à Dieu et à une option personnelle pour le sens de ma vie que je voulais être une vie de service à la société.

***

Après l'école primaire au village, ce fut l'école normale à Amos. Les autobus scolaires ne roulant pas encore, Marc Ouellet était pensionnaire cinq jours par semaine, du lundi matin au vendredi après-midi.

Adolescence sans histoire, sauf pour un drame, un jour, au retour à la maison : Café était mort, happé par une auto. Tous les enfants qui ont un chien vivent ça un jour ou l'autre et mieux vaut que ça commence par le chien.

Adolescence studieuse avec des vacances laborieuses pour payer les études : un été, garde-feu dans les forêts voisines de Cadillac et de Saint-Mathieu. Tâche plutôt facile, car le contremaître, son père, affectait les jeunes recrues à la surveillance des tranchées dans les zones moins dangereuses.

Les étés suivants, par contre, ce fut le creusage des tranchées et c'est tout à fait autre chose. Va pour la couche de terre noire en surface, mais on frappe toujours trop vite le gumbo, ce mélange de glaise et de sable à texture de caramel qui est le legs du lac préhistorique Ojibway-Barlow. Harassant, pour le moins dire, à preuve que les princes de l'Église n'ont pas tous passé leur enfance à genoux devant les cierges de la chapelle. Celui-ci n'a même jamais été servant de messe, la maison étant assez éloignée de l'église.

«Nous n'étions pas parmi les familles à l'aise, ni parmi les plus pauvres. D'ailleurs, il y avait fort peu de gens à l'aise à La Motte. Nous avions une auto. On mangeait ce qui était nécessaire, on était vêtus convenablement, on pouvait acheter quelques livres, quelques disques. Pas de vacances, pas de voyages, et de plus pauvres que nous ont eu la télévision bien avant nous. Par contre, nous avions une maison secondaire, un chalet rudimentaire que nous avions construit nous-mêmes au bord du lac. C'était notre seul luxe, avec les fleurs de ma mère.»

Artiste dans l'âme, à quatre-vingt-deux ans Graziella Ouellet est une jardinière émérite qui entoure encore sa maison de quelque trois cents variétés de fleurs. Quand le guide touristique de l'Abitibi-Témiscamingue parle des jardins qui ont valu un Lys de bronze à La Motte dans un concours provincial d'horticulture en 2001, il souligne de facto le travail de madame avec ses amies du Cercle des fermières.

Adolescence marquée par l'accident du 13 janvier 1961. La décision est sans appel, Marc Ouellet veut se mettre au service de la société. Étudiant à l'école normale, il se destine déjà à l'enseignement et à la formation des enseignants. Comme il veut devenir prêtre lui-même, il se dirigera vers la formation des futurs prêtres et cette décision se présente comme la trajectoire de n'importe quel corps sidéral, une orbite séculairement irrévocable. Il fera carrière dans l'Église comme d'autres font carrière dans la politique, dans l'industrie, dans les arts.

Cela commence par le grand séminaire de Montréal avec les sulpiciens, de 1964 à 1968, d'où il revient parfois chez lui sur le pouce pour visiter les siens. Licencié en théologie, il est ordonné prêtre dans l'église de son village, La Motte, le 25 mai 1968. Il fait deux ans de vicariat à Val-d'Or pour apprendre un peu son métier et redonner à son diocèse un peu de ce qu'il a reçu.

Mais la tête est ailleurs, en pays de mission, l'Inde, de préférence. Les sulpiciens n'ont pas de séminaire en Inde. Au Japon, peut-être. Mais les besoins sont grands en Amérique du Sud. Le voici donc professeur de philosophie au séminaire de Bogota. Une licence en philosophie ne lui nuirait pas, aussi se retrouve-t-il pour deux ans à l'Université pontificale de Saint-Thomas-d'Aquin, à Rome. Suivent deux autres années au séminaire de Manizales en Colombie et un retour à Montréal où il est professeur au grand séminaire. Ensuite c'est l'Université grégorienne à Rome, d'où il sort docteur en théologie dogmatique après cinq ans. Une année de trop car...

– J'avais décidé d'étudier les travaux de Hans Urs von Balthasar, un théologien suisse germanophone, un auteur que peu de monde étudiait, un auteur difficile d'accès et peut-être le plus grand théologien que l'Église ait donné au XXe siècle. Je l'avais deviné avant d'entrer dans son univers théologique. Je l'avais suffisamment deviné pour me risquer là où on m'avait dit que je n'étais pas certain de terminer. Ses travaux n'étaient pas traduits et j'ai dû apprendre l'allemand. J'en ai bûché un coup.

Hans Urs von Balthasar, nommé cardinal par le pape Jean-Paul II, est décédé le 26 juin 1988 en disant sa messe, deux jours avant le consistoire où il devait recevoir son chapeau.

Prochaine étape pour le père Marc Ouellet, le grand séminaire de Cali, toujours en Colombie.

– Étiez-vous membre du cartel?

Rires.

– La drogue là-bas n'était pas un problème social mais plutôt une affaire économique, une entreprise de production et d'exportation.

En Colombie toujours, cinq autres années comme recteur au grand séminaire de Manizales. Retour au Canada, recteur au grand séminaire de Montréal pendant quatre ans et deux ans ensuite au séminaire Saint-Joseph d'Edmonton.

Attention! De 1996 à 2002, cela devient sérieux. Le petit jeune homme de La Motte est titulaire de la chaire de théologie dogmatique à l'Institut Jean-Paul II à l'Université pontificale du Latran. Élu évêque titulaire d'Agropoli, il reçoit l'ordination épiscopale de Jean-Paul II dans la basilique Saint-Pierre de Rome le 19 mars 2001. Il est nommé archevêque métropolitain de Québec et primat du Canada le 15 novembre 2002.

Il réussit son tour du chapeau lors du consistoire du 5 octobre 2003 alors qu'il devient cardinal au titre de Santa Maria in Transpontina.

– J'ai été un aventurier. Les Abitibiens sont des aventuriers, des chercheurs de grands espaces, des pionniers. J'ai toujours gardé le sens du risque et de l'aventure.

«Comme les miens.»

20

Marécages

Avec ses eaux qui ne savent où aller et qui, souvent, ne vont nulle part, l'Abitibi-Témiscamingue est le paradis des marécages et de longues stations d'immobilité au bord des roseaux promettent souvent des visions de vol d'une élégance recherchée et des visions florales d'une rare beauté.

Sans les compter, on peut se contenter des deux que nous suggère le magnifique livre *De l'emprise des glaces à un foisonnement d'eau et de vie, 10 000 ans d'histoire**. Cela peut se faire en pleine ville de Rouyn-Noranda ou près du lac Abitibi, au-delà de Roquemaure.

À Rouyn même, il s'agit de l'étang Stadaconna. On y signale la présence du Grèbe jougris, du Phalarope à bec étroit, du Tadorne casarca, de la Mouette Bonaparte, de l'Érismature rousse, de la Marouette de Caroline et de la Foulque d'Amérique. Dieu vous aime si vous voyez toutes ces belles créatures ; je n'y ai vu qu'un couple de malards qui m'ont salué de quelques couacs.

---

*   Voir Ouvrages consultés.

Le rideau de quenouilles, de phragmites et de joncs empêche malheureusement l'observation de la végétation aquatique, et le remède à cela, c'est le marais Antoine, tributaire du lac Abitibi, à quelque quatre-vingt-dix kilomètres de Rouyn-Noranda et trois kilomètres à peine de Roquemaure, où l'on affiche service complet, y compris les maringouins.

À moins de posséder une embarcation portative, il n'est pas toujours facile d'observer la flore aquatique, pourtant si remarquable. Pour l'iris, le butome, le ményanthe et autres plantes des terres humides, on se rattrape un peu partout, mais pour les plantes vraiment lacustres, potamots, nénuphars, lenticules, utriculaires, faux nymphéas et autres qui vivent sur le plan d'eau, l'observation est plus difficile, plus rare et pourtant riche de satisfaction.

Or, le marais Antoine est une mer de verdure, de couleur et d'eau, 284 hectares de rare beauté accessible par une passerelle qui pénètre dans le milieu, et du haut du belvédère, c'est une volupté de voir cet étrange milieu onduler dans la brise.

Pour les oiseaux, bien sûr qu'il n'en manque pas, mais je n'ose me risquer à répéter la liste qu'on en donne.

Je regretterai toujours de n'avoir pu consacrer l'heure et demie que l'on recommande pour la visite, et si jamais une reprise m'est permise, je voudrais que ce soit au crépuscule pour entendre un concert de ouaouarons dans cet immense amphithéâtre.

21

Marie-Paule

Laissez-moi célébrer les charmes de Marie-Paule et de ses semblables dans toutes les Abitibi-Témiscamingue du monde.

À Notre-Dame-du-Nord, je m'étais informé d'un endroit où loger quelques jours à Rouyn-Noranda, en précisant bien que je cherchais quelque chose de tranquille, sans extravagance, et surtout pas un motel à l'heure. Ces gentes dames s'étant concertées, elles me recommandèrent l'hôtel Albert, en pleine rue Principale, et j'y étais maintenant, tout juste devant, dans une rue principale bordée de parcomètres, comme il se doit, et moi qui n'avais pas la moindre menue monnaie en poche ! J'avançai un peu plus loin, cherchant vainement un parcomètre déjà amorcé et me hasardant dans un espace libre qui me semblait plus discret que les autres, comme si c'eût été Dieu possible. Claque la portière et me voici à la fine course vers l'hôtel.

Il est seize heures et tout est calme là-dedans, moi excepté.

– Madamejevoudraisunechambreetjesuisfortmal stationné.Avez-vousquelquechose ?

133

– Mais oui, mais oui, monsieur. Où êtes-vous ?

– Presque au bout de la rue, à droite.

– Bon, bon, bon ! Continuez jusqu'au bout de la rue, tournez à droite et descendez jusqu'au lac. Tournez encore à droite et toujours à droite sur la rue suivante, Gamble, que vous remontez jusqu'à la rue Horne, et là, à droite encore jusqu'à l'entrée du stationnement. Vous avancez près de la ruelle et vous allez voir nos petites affiches qu'on ne voit pas d'ici.

– Merci ! Merci ! et me voilà reparti à la course.

Les indications étant parfaites, me voici enfin rendu et je me pointe à la réception où la bonne dame m'attend avec le sourire.

– Vous avez bien trouvé ?

– Oui, mais vous seriez gentille de vérifier si je suis au bon endroit. C'est la petite rouge, là, lui dis-je après avoir traversé le hall.

– C'est parfait, monsieur. Venez qu'on vous trouve une chambre. Pour une soirée seulement ?

– Au moins deux et peut-être davantage.

– Qu'est-ce que vous voulez comme chambre ?

– Madame ! C'est la première fois que je mets les pieds à Rouyn-Noranda. Vous pensez bien que je n'y connais rien de rien. Donnez-moi donc celle que vous prendriez vous-même.

– La 201, monsieur !

La 201, gentiment vieillotte, était parfaite avec vue sur la Principale, ses autos, ses devantures de dépanneur, de pharmacie, de casse-croûte et tout l'accessoire d'une rue principale anonyme au pays du cuivre, de l'or et de rien du tout. J'y laissai mes bagages et redescendis à la réception pour de menus renseignements.

– Vous arrivez tout juste de Montréal, mon bon monsieur ?

– Non, j'arrive de Notre-Dame-du-Nord et on m'a conseillé de descendre ici.

– Ils vous ont bien conseillé. Les gens de Notre-Dame-du-Nord sont toujours parfaits.

– Vous les connaissez bien, on dirait.

– Je suis un peu de là, oui.

– Vous êtes du Témiscamingue!

– Eh oui!

– Et vous avez osé déménager en Abitibi.

– Ah! Ah! Ça se fait sans qu'on s'en aperçoive, ça, monsieur.

– Faudrait que vous m'en parliez.

– Quand vous voudrez.

Ma principale requête était une carte de la ville s'il s'en trouvait une dans l'hôtel.

– Bien sûr. Voici. Tenez, vous êtes ici. Quand vous êtes arrivé, vous étiez là; vous avez fait le tour comme je vous ai dit et vous êtes stationné là.

Madame Marie-Paule avait mon âge et c'était une de ces personnes qui ont la grâce d'être toujours naturellement joviales, aimables. Et quelle raconteuse! Je m'empressai d'en faire mon cicérone et, c'est bête à dire, elle me fit connaître exactement l'Abitibi-Témiscamingue que je pressentais et que je voulais connaître, un pays, il me semble, qui est totalement absent de la littérature et de la chanson régionales, un pays bien loin d'être un désastre historique ou une Sibérie minière, un pays généralement de bonne humeur.

Elle est née à Rémigny, le village de la belle église en pierres des champs, mais elle a grandi au bord du lac Témiscamingue à Notre-Dame-du-Nord jusqu'à dix-huit ans. Sans quitter le lac, elle est descendue, trente-deux kilomètres plus au sud, à Ville-Marie où elle s'était trouvé un emploi à l'hôpital. C'est là que le fun a commencé et qu'elle a «fait sa jeunesse» jusqu'à vingt-quatre ans.

– On allait veiller à Témiscaming – quatre-vingt-trois kilomètres – ou on venait à Rouyn-Noranda – cent trente-trois kilomètres – ; on pouvait aussi bien prendre l'autobus pour North Bay – cent soixante-quatre kilomètres – que ça nous pesait pas au bout du bras. Les distances n'existaient pas et on n'avait pas le temps de dormir.

«J'peux pas comprendre que les jeunes s'ennuient ici. Ils ont tellement plus de moyens qu'on en avait. Imaginez-vous qu'à Ville-Marie, quand l'alarme sonnait, on faisait une course avec les pompiers pour arriver au feu avant eux autres. Pensez pas qu'on riait pas et qu'on s'amusait pas avec eux autres.

«Pour dire le vrai, on faisait à peu près ce qu'on voulait. Aujourd'hui, on dirait que les jeunes savent pas quoi faire et j'comprends pas tellement ça. C'est vrai que, pour le travail, y a pas tellement d'ouvertures. Y a quarante-deux ans, du travail y en avait pour qui en voulait.

«Mes enfants à moi sont partis aussi, mais c'est pas la même chose. Mon fils était gérant d'un magasin et sa femme voulait faire des études à l'Université de Sherbrooke. Il s'est fait transférer à Sherbrooke. Ma fille, infirmière, a marié un policier qu'on a transféré à Saint-Hyacinthe. Ils sont bien contents mais il me semble que ce sont pas des places pour élever des enfants!

«Je trouve qu'on est tellement bien ici!

«Je comprends pas, non plus, les gens qui trouvent nécessaire d'aller s'habiller à Montréal. On trouve tout ce qu'on veut ici sans le trouble et les frais du voyage.»

– Vous ne voyagez pas?

– Ah oui! Moi, je voyage. C'est mon mari qui voyage pas. Jamais.

– Qu'est-ce qu'il fait?

– Du ménage, de la cuisine. Il était infirmier à l'hôpital. Maintenant il est à sa retraite. Il est bien ici et ne se dérange même pas pour aller voir ses enfants. C'est à eux de venir. Non, il ne veut pas voyager. Alors, moi je voyage avec des amis. On a un voyage à Winnipeg bientôt...

À vingt-quatre ans, Madame Marie-Paule a quitté Ville-Marie pour Rouyn-Noranda où elle s'est retrouvée à l'emploi de Réal Caouette, devenu concessionnaire d'automobiles, et encore là :

– J'ai eu du fun pendant trente ans !

Ensuite, et jusqu'à tout récemment, ce fut ce poste de réceptionniste à l'hôtel Albert, une réceptionniste bien attentionnée et discrètement curieuse des goûts, des besoins de ses hôtes.

– Un soir, l'ascenseur marchait pas et j'aidais une vieille dame à monter ses bagages. Quand j'ai eu fini, j'arrive à mon poste et je me dépêche car le téléphone sonnait. C'était mon boss, en furie parce que ça ne répondait pas. Je lui réponds que j'aidais une cliente parce que son ascenseur était mort. Là, c'est lui qui savait pas quoi répondre.

Il y a aussi la fois qu'une enseignante se présente désespérée parce qu'elle doit donner un cours à l'université le lendemain et qu'elle est enrouée à la suite de son voyage.

– Appelez-moi avant de vous coucher. Je vais vous monter une tasse d'eau chaude avec du miel et du citron.

Le lendemain après-midi :

– Que vous êtes donc fine ! J'ai donné tout mon cours sans problème.

Tout cela est d'une extrême banalité, sauf que l'hôtel Albert n'est pas précisément une auberge de campagne et que des madames Marie-Paule, on n'en trouve pas des tonnes hors de l'Abitibi-Témiscamingue.

22

Nocturne

Tandis que je rêvasse tard en soirée auprès d'une feuille de papier où, dans ma chambre de l'hôtel Albert, je transcris mes notes de la journée, la vie des gens continue, à moins qu'elle ne s'arrête, car voici une ambulance qui déchire la nuit avec ses aboiements et son gyrophare.

Je la laisse passer, mais elle ne passe pas. C'est soudain le silence, sauf que le gyroscope continue de tourner au plafond de ma chambre.

– Ma foi, est-il arrivé quelque accident dans l'hôtel?

Je me précipite à la fenêtre et vois deux ambulanciers qui descendent, tirent une civière de leur guimbarde et se présentent plutôt à la porte de la maison d'en face. Une infirmière les accompagne.

Je reste vingt minutes à la fenêtre. Toutes les fenêtres d'un appartement sont illuminées et on devine, plus qu'on y voit, une très vive agitation tandis que les fenêtres des autres appartements s'éclairent bientôt, les autres locataires étant sans doute aussi curieux que moi. Sinon plus, évidemment, car tous ces gens vivent ensemble alors que je ne fais que passer.

Vingt minutes plus tard, mes ambulanciers réapparaissent alors que j'en suis toujours à ma rêverie. On dirait qu'ils sont dans la trentaine. Ils ont des rudiments d'uniforme. Leur civière n'est plus vide et ils la transportent avec plus de délicatesse.

Ils l'enfournent avec précaution dans l'ambulance et invitent l'infirmière à s'installer près de la civière avant de refermer les portières et de retourner sur la banquette avant. L'infirmière s'apprête à monter, mais elle se retourne soudain vers ma fenêtre et m'envoie la main sous le regard médusé des ambulanciers.

Ah! cette Mélodie!

Le véhicule reprend ses jappements et le gyrophare abandonne le plafond de ma chambre.

Bien sûr, la vie, la maladie, la mort, cela se passe de la même façon au Far West qu'à Montréal ou que partout ailleurs, du moins en ce pays, mais ma réflexion de tout à l'heure a complètement changé de sujet.

Dans la nuit qui a repris ses droits de silence et d'obscurité, je ne puis m'empêcher de me demander quand et comment mon tour viendra.

Et Mélodie sera-t-elle là pour m'envoyer la main?

23

Monsieur Réal

Été 1962. *La Presse* m'avait envoyé à Lévis pour assister à une assemblée électorale où Réal Caouette devait prendre la parole.

Je ne puis dire que j'aimais ça vraiment – sauf pour la couleur locale, les gens du pays réunis pour un spectacle plutôt rare, du notaire au plus petit journalier, moins sensibles aux promesses qu'à l'art oratoire des prétendants –, mais quelque trois cents personnes remplissaient la salle, même s'il n'y avait pas de chaises pour tout le monde, et l'atmosphère était pour le moins électrique. À l'extérieur, les deux haut-parleurs installés sur la voiture de Monsieur Réal avaient attiré autant de monde sinon plus et on y donnait du rigodon en attendant l'orateur.

Tribun populaire, Caouette n'était pas un comédien infatué à la Pierre Bourgault. Il en était même aux antipodes, parlant simplement mais vigoureusement, non pas sur une utopie enrubannée flottant dans les nuages, mais plutôt sur les problèmes que son auditoire vivait tous les jours. Tout petit homme, pas si petit que ça quand même, mais homme du peuple, avec cette humilité fantasque de celui qui connaît et reconnaît ses origines, avec cette franchise et cette audace des gens du peuple quand il s'agit de péter des ballons trop gonflés.

– Nous autres, on n'a pas les grosses compagnies derrière nous, alors on passe le chapeau, disait-il. Si vous avez une piastre de trop, mettez-la dans le chapeau et c'est un investissement pour vous. Si vous avez besoin d'une piastre pour manger ce soir, prenez-en une.

Le chapeau passa parmi les rigolades et il passa à l'extérieur également sans la moindre anicroche. N'ayant pas de dollar et trop gêné pour ne rien mettre, j'y laissai tomber un deux avec une nonchalante ostentation.

Sans se laisser interrompre par la quête, Monsieur Réal parla pendant une bonne heure. Ses propos mêlaient constamment le gros bon sens et une certaine candeur, reprenant inévitablement son refrain favori qui fut toujours le nerf de son action politique :

« Il faut rendre financièrement possible tout ce qui est physiquement réalisable. »

Faute d'attention peut-être, ou trop naïf moi-même, je n'ai jamais entendu qui que ce soit déboulonner de façon convaincante cet axiome du major écossais Clifford H. Douglas. Incidemment, les économistes chevronnés n'ont jamais ridiculisé Douglas comme les nôtres ont ridiculisé Monsieur Réal. John Maynard Keynes, notamment, a tout au plus dit que son approche humanitaire et chaleureuse était fondée sur de bonnes intentions, mais sur des prémisses malheureusement erronées.

Dans les jours qui précédèrent les élections, mes patrons m'envoyèrent renifler l'atmosphère dans quatre ou cinq autres comtés. J'en revins en leur disant que le Crédit social de Réal Caouette ferait élire plus de vingt candidats le jour du scrutin. Ils me prirent pour un idiot et ignorèrent mes prévisions, mais ils eurent bientôt l'air plus idiot que moi, car le Crédit social remporta vingt-six sièges en ne présentant que trente et un candidats.

***

Été 2002.

Quarante ans ont passé. Réal Caouette est mort à cinquante-neuf ans en 1977, victime d'un accident vasculaire cérébral qui mit un terme à quelques autres complications. Tous les grands politiciens du pays accoururent à ses funérailles, tant il avait marqué son époque en tirant à boulets rouges sur des politiques discriminatoires séculaires pour les gagne-petit et les francophones.

Et moi, me voici maintenant à l'hôtel Albert de Rouyn-Noranda en plein cœur de son fief. Je demande à ma charmante hôtesse Marie-Paule Lanouette :

– Connaissez-vous quelqu'un qui pourrait me parler de Réal Caouette ?

– J'ai travaillé pendant trente ans dans son bureau. Est-ce que je puis vous aider ?

Peut-on être plus chanceux ? On prit rendez-vous pour le lendemain après-midi, car j'avais des rencontres l'avant-midi à l'Université du Québec en Abitibi-Témiscamingue. Mais le soir même, un peu après le souper, il y eut un discret toc, toc à ma porte et avant que j'aie pu y répondre, retenu dans la petite pièce que l'on devine, la porte s'ouvrit d'elle-même et c'est tout juste si je vis un bras, une main, qui déposait deux livres sur le plancher. Madame Lanouette avait téléphoné à Gilles, le fils de Réal, qui lui avait apporté deux biographies de son père. C'est tout ce qu'il avait sous la main, le reste de sa documentation étant déposé aux Productions Point de mire, à Montréal, où *Le Tonnerre de l'Abitibi* faisait l'objet d'un tournage.

Je dévorai le tout sans beaucoup dormir cette nuit-là et j'appris l'essentiel de ce que je voulais savoir sur Monsieur Réal.

Il était né en 1917 en banlieue d'Amos, dans une famille éminemment modeste, mais il n'était pas homme à accepter la modestie et il le fit voir dès son très jeune âge, sur la patinoire locale notamment, car le hockey allait être la rampe de lancement des premiers grands notables de l'Abitibi, lui excepté, des blessures ayant bientôt ajouté au handicap de sa taille plutôt moyenne.

Dès le primaire, l'enfant commence à s'interroger sur son avenir, avenir qu'il voit très bien dans son milieu, mais non dans la condition des gens de son milieu. L'éducation secondaire est à peine existante dans l'Abitibi de ses douze ans et nous sommes en 1929, l'année d'un certain Jeudi noir qui estropiera toute l'économie nord-américaine. Tant pis, il insiste pour faire un cours commercial et, par toutes sortes de miracles, son père réussit à l'envoyer au collège des frères du Sacré-Cœur à Victoriaville.

Comme plusieurs individus défavorisés par la vie, le jeune Caouette réagit en se mettant en évidence le plus possible. Sur la patinoire, bien sûr, mais aussi à l'intérieur des rangs. Un jour, le lieutenant-gouverneur Ésioff-Léon Patenaude visite le collège et harangue les étudiants. Il n'a pas sitôt terminé que Monsieur Réal se lève et demande au dignitaire si sa visite ne leur vaudrait pas une journée de congé. Croyant que cet élève a été désigné par les autorités pour lui adresser cette requête, l'honorable visiteur l'accorde aussitôt parmi les bravos et les applaudissements. Faut-il dire que les supérieurs n'ont pas vu la chose du même œil? La parole du lieutenant-gouverneur sera bel et bien respectée, et le jeune héros sera en retenue dans la salle d'étude pour la journée entière.

Respectueux de l'autorité, Réal Caouette l'a toujours contestée vivement sur toutes sortes de menus détails, ce que l'autorité n'a jamais apprécié tout à fait. De retour à la maison après un été, il apprend que son père n'a plus les moyens de lui payer une autre année scolaire. Il a dix-sept ans et ne pleurniche pas sur la situation. Au contraire, il se dirige aussitôt vers le bureau local du ministre de la Colonisation, Irénée Vautrin, célèbre pour avoir donné à Maurice Duplessis l'occasion de le ridiculiser à la grandeur de la province. Auteur d'un plan de colonisation pour l'Abitibi-Témiscamingue, le ministre s'était habillé en conséquence, ajoutant une robuste paire de «breeches» à sa garde-robe pour marcher le territoire et rencontrer les colons sur le terrain, parmi les brûlés et les fardoches. Hélas, il avait eu la maladresse de mettre son achat sur son compte de dépenses. En épluchant les comptes publics, Duplessis vit la chose, fit un scandale avec rien, et, parlant sans cesse des «culottes à Vautrin» pendant un an et demi au grand plaisir de la populace, il renversa le gouvernement d'Alexandre Taschereau en 1936.

Entre-temps, Réal Caouette avait eu son job d'été parmi les brûlés, les fardoches, et il avait gagné de quoi payer la dernière année de son cours commercial.

Ce cours commercial lui fut certainement d'une grande utilité. D'un emploi à l'autre dans la région, il devint concessionnaire d'automobiles à Rouyn-Noranda et, avec le temps, suffisamment à l'aise pour en laisser le principal de la gestion à des personnes fiables et compétentes…

… tandis qu'il s'occupait à autre chose !

Dès 1939, Réal Caouette est fasciné par la théorie du major Douglas et il y a de quoi : la pauvreté règne partout au pays de l'or et voici maintenant qu'il faut envoyer à la guerre tous les adultes bien portants. William Aberhart a déjà fait élire un gouvernement de Crédit social en Alberta, mais son action est restreinte vu que la politique bancaire est de compétence fédérale.

Au Québec, le Crédit social reste une mesure d'éducation populaire menée par Louis Even et Gilberte Côté-Mercier à la tête de l'Union des électeurs, mieux connue sous le nom de Bérets blancs. C'est la seule école de science économique que peut fréquenter le futur politicien, pour autant qu'on puisse la considérer comme telle. Pourtant, sous leur bannière, il est élu député fédéral de Pontiac en 1946. Il avait vingt-neuf ans et personne ne l'avait pris au sérieux. Ça n'allait pas arriver deux fois. Les grosses machines électorales se mirent en branle pour le battre aux élections de 1949.

Aux élections provinciales de 1956, il se présenta de nouveau quand les Bérets blancs firent alliance avec les libéraux de Georges-Émile Lapalme. Ce fut sa dernière défaite. Depuis 1946, il avait ajouté une émission radiophonique hebdomadaire au porte à porte traditionnel de l'Union des électeurs et, en 1956, il troqua la radio pour la télévision avec un succès qui ne se démentit jamais et qui lui valut son triomphe de 1962 au chant de :

Envoye Caouette pass-leu' donc l'fouet
Pass-leu' l'fouet les tabarouettes

Envoye Caouette c'est ça qu'on souhaite
Ils l'méritent en tabarouette

Fort de la balance du pouvoir, les créditistes commencèrent par renverser le gouvernement Diefenbaker dès l'année suivante. À la Chambre des communes toutefois, les lacunes de Caouette et celles de ses hommes en sciences politiques et économiques furent bientôt évidentes face au poids d'un Lester B. Pearson et, plus tard, d'un Pierre Elliott Trudeau qui déroulaient de vastes visions nationales et internationales. Pour un Trudeau, par exemple, le bilinguisme devait être reconnu d'un océan à l'autre. Pour Monsieur Réal, il fallait commencer par instaurer le bilinguisme au Parlement et au café du Parlement, vision qui s'implanta mieux et plus rapidement que celle de monsieur Trudeau.

Puis ce fut la bisbille dans le parti, la rupture avec le Crédit social, la fondation du Ralliement des créditistes et la longue et lente agonie du mouvement qui mourut avec son chef en 1979, laissant son héritage au Bloc québécois, à Ottawa, et au Parti québécois à Québec.

Longue nuit à lire et à méditer sur le sort de Monsieur Réal, tellement représentatif des siens et de sa région en son temps. Représentatif par sa fougue, son énergie et ses lacunes. Si un cours commercial peut engendrer un concessionnaire d'automobiles, faute de scolarité, la franchise et l'honnêteté ne font pas plus un député qu'un diplomate.

On ose à peine imaginer ce qu'un Réal Caouette aurait pu devenir si les cégeps et l'Université du Québec s'étaient installés plus tôt dans l'Abitibi-Témiscamingue.

***

Après tout ce que j'ai lu, Marie-Paule n'a plus grand-chose à me raconter cet après-midi sur Monsieur Réal. Pas grand-chose sinon l'énorme plaisir que toute l'équipe avait en travaillant pour cet homme qui leur disait :

– Ayez du fun tant que vous voulez, du moment que vous faites votre job.

Un jour, Marie-Paule trouve dans la paperasse un billet à ordre de 300 $ longtemps «passé dû» et lui demande si elle doit le mettre en recouvrement.

– Nah ! Oubliez ça !

Deux jours plus tard, sans avis, le débiteur se présentait avec la somme due.

– Il était comme ça avec les gens et les gens étaient comme ça avec lui.

24

Cosmos

En cette nuit de la Saint-Laurent, me voici étendu de tout mon long sur un banc du talus qui surplombe le lac Édouard dans le jardin botanique de Rouyn-Noranda, les yeux grands ouverts en l'attente du feu d'artifice annuel des perséides. À la journée sèche, torride, succède une nuit fraîche, douce, délicieuse à la peau, aux yeux qui découvrent là-haut tout ce que les nécessités du jour arrivent à nous cacher.

Oui, le soleil nous cache l'univers pour nous révéler notre monde en ses moindres détails si tant est qu'on s'y intéresse.

La nuit efface le proscenium de notre quotidien et nous ouvre le rideau sur le néant de notre ignorance, l'incommensurable réalité de ce qui titille notre cognition et nous invite, depuis des millénaires, à chercher où nous emporte ce vaisseau spatial, cette Terre qui tourne autour de ce qui tourne, qui nous fait tourner avec elle et qui s'en va qui sait où.

Beaucoup de mots pour dire qu'il fait noir et que les étoiles sont belles à voir cette nuit.

Élève attentif sur son banc, l'univers entier le regarde par cette fenêtre taillée entre des arbres et des réverbères. Il lui parle et lui répète des choses qu'il murmurait déjà à Thalès de Milet, Anaximandre, Archimède et qui encore, fantômes de la Grèce antique à l'affût du savoir, des choses que je comprends moins bien qu'eux, eux qui y étaient attentifs tous les soirs alors que je ne m'y attarde plus que rarement.

De loin, de très loin, de la haute cheminée de la fonderie Horne, on dirait, à moins que ce ne soit du fond de mes désirs, une musique d'orgue qui palpite doucement sans le moindre bruit, et l'invisible beauté des choses se met à chanter le vieil hymne de Jean-Philippe Rameau :

Ô nuit
Qu'il est profond ton silence
Quand les étoiles d'or
Scintillent dans les cieux
J'aime ton manteau radieux
Ton calme est infini
Ta splendeur est immense

Le silence n'est pas aussi profond que ne le voudrait la chanson, car au beau milieu du lac surgit un grand jet d'eau, un grand jet d'eau et de joie qui babille de millions de gouttes en retombant sur lui-même, et son murmure permanent, qui remplace la symphonie éternelle des sphères célestes, bien réelle mais inaudible d'ici avec mes trop chétives oreilles, est ponctué à l'occasion de quelques rares coups de klaxon lointains, là-bas vers les rues Principale, Dallaire et Montréal.

C'est la paix, quoi ! mais la paix urbaine. Un petit trou de silence dans l'agitation du grand jour et un

150

petit trou noir bienvenu parmi les luminosités rassurantes des alentours, un petit trou noir où les constellations se baladent au rythme lent de la Terre qui tourne sur elle-même. Sans doute ces collections d'étoiles se mirent-elles un peu dans les eaux du lac, mais du talus je n'en vois rien car le lac lui-même est encerclé d'un rideau de quenouilles et de joncs parmi lesquels les canards se frayent des chemins pour aborder la terre ferme quand les badauds se font rares.

J'ai vu tout cela au grand jour l'après-midi d'hier et je le reverrai tout à l'heure quand le roulis de la Terre ouvrira le rideau sur l'aube et que le soleil reviendra détailler mon quotidien, mais, étendu sur mon banc, je ne vois que la voûte céleste et j'ai tôt fait d'identifier Persée, au nord-est, au-dessus des rues Larivière et Charlebois, Persée, son sabre d'une main et la tête de la Méduse qui pend par ses cheveux, dans l'autre. Je ne le vois pas très bien, à vrai dire. Ce sont les Grecs qui le voyaient là-haut parmi les étoiles, Persée avec Algol au poing, Algol l'étoile double, l'étoile au sombre compagnon, Algol le gyrophare qui éclate, s'éteint presque et recommence dans un cycle de soixante-neuf heures, Algol, la goule, «le démon» en arabe, et les Arabes s'y connaissaient en étoiles. L'envers des déserts de leurs pays en était constellé et, couchés sur le sable comme moi sur mon banc, ils leur donnaient des noms comme on en donne aux chevaux sur la piste. C'est de là qu'il devrait commencer à pleuvoir des étoiles filantes et en voici justement une à 2 h 22, immédiatement suivie de deux autres.

Les étoiles filantes sont des granules, des poussières célestes agglomérées en nuages qui traînent dans le très là-haut et que la Terre traverse dans sa course sidérale. Comme les pauvres maringouins qui s'effoirent quand un pare-brise d'automobile leur fonce dessus, les poussières s'enflamment sous le choc et la friction qui s'ensuit, s'enflamment et se consument avant de toucher terre. Ces poussières sont des débris de comètes et, dans le cas qui m'occupe ce soir, ce sont les débris de la comète Swift-Tuttle, aperçue en juillet 1862 par MM. Lewis Swift et Horace Tuttle. Comme le veut la tradition, ces messieurs ont donné leur nom à leur découverte, même si, après étude, la céleste vagabonde s'est avérée connue depuis plus de deux mille ans par les astronomes chinois.

Le temps d'y penser et une quinzaine m'ont flambé en pleine face.

Le temps d'y penser, la route n'est pas longue de Rouyn-Noranda à Nichapour où Omar Khayam écrivait ses quatrains en observant les étoiles pour le compte du sultan Jalal al-Din Malik Chah.

Cette voûte céleste sous laquelle nous errons
Je la compare à une lanterne magique
Dont le soleil est la lampe
Et le monde est le rideau où passent nos images

Il me revient tout à coup qu'Omar Khayam a consacré beaucoup de ses quatrains à célébrer le vin et que le resto-bar de la rue Rideau videra sa clientèle dans une quinzaine de minutes. Je n'en serai pas cette nuit et je n'en suis pas fâché, car voici que ça pleut de tout partout.

Magnifiquement, faut-il dire. Et ce cher Omar me récite encore, sous le feu des arabesques célestes :

Les étoiles laissent tomber leurs pétales d'or
Je me demande pourquoi mon jardin n'en est pas déjà tapissé
Comme le ciel répand ses fleurs sur la terre
Je verse dans ma coupe noire du vin rose

Je n'ai pas de coupe ni de vin et je ne manque de rien. Le jardin botanique de Rouyn-Noranda est soudain devenu un kaléidoscope cosmique aux innombrables arabesques – il y a le mot «arabe» dans arabesques – en tous points semblables au jardin du célèbre mathématicien-poète à Nichapour. Aujourd'hui comme hier, ici comme là-bas, la nuit et le spectacle sont les mêmes et les pétales d'or des étoiles pleuvent sur le mausolée de Khayam comme elles pleuvent sur les tombes du cimetière Saint-Michel, au bout de la rue Sainte-Bernadette.

Rouyn-Noranda – Nichapour, mille ans en un clin d'œil et, vu de la Terre, l'Univers n'a pas changé sauf pour quelques distinctions infinitésimales dans le déplacement des étoiles. Tout a changé pourtant. Les astres n'ont jamais cessé de tournoyer les uns autour des autres et les galaxies continuent de s'éloigner à des vitesses de plus en plus accélérées, de plus en plus folles, sans que nos télescopes, de plus en plus puissants, arrivent à les suivre dans leur galop éperdu vers les frontières du néant.

Mais nos connaissances ont changé, à un rythme de plus en plus accéléré, de plus en plus fou. Les sondes spatiales que nous avons envoyées aux confins du système solaire nous rapporteront de la poussière de comète l'année prochaine et nos robots téléguidés, largués sur la planète Mars au bout de leurs courses orbitales de millions de kilomètres, y font des prélèvements géologiques comme Edmund Horne en faisait dans la rue Tremoy, au bord du lac Osisko, en 1920, arrivant en canot d'Haileybury, à cent cinquante kilomètres, pour jalonner ici un autre néant de l'époque.

La nuit pâlit, le jour menace et les poussières enflammées s'estompent peu à peu dans les lueurs de l'aube. Le cosmos disparaît comme un fantôme dérangé par la lumière, par le vent qui frémit dans les saules, dans les roseaux au bord du lac. Les phares d'une première auto balayent la rue Principale. Le quotidien se lève et réclame un jour nouveau afin de poursuivre l'histoire.

25

À l'UQAT

Je ne sais pas très bien ce que j'allais faire à l'Université du Québec en Abitibi-Témiscamingue, mais je me disais vaguement que je ne pouvais arpenter *Mon beau Far West* sans payer un coup de chapeau à son siège social de la science et de l'enseignement, surtout après avoir déploré qu'un Réal Caouette n'ait jamais eu accès à pareille institution dans son patelin. Oh! j'avais bel et bien sollicité un rendez-vous avec Bruno Bussière, ingénieur minier et professeur, afin qu'il me trace un tableau général de l'industrie minière dans la région. C'était pour onze heures, me semble. Et tôt le matin, il m'était venu à l'idée de m'adresser à Bernard Pelletier, directeur des communications, pour avoir un aperçu plus général du rôle de l'UQAT dans la région.

Tant qu'à fouiner, aussi bien fouiner partout.

Dans cette ville de Rouyn-Noranda que je ne connaissais à peu près pas, je réussis à trouver l'université sur le boulevard de son nom – faut le faire – et j'étais sur place à 9 h 30 pile, devant un beau building entouré d'un vaste terrain de stationnement à peu près vide en ce début d'août. Je me dirigeai vers l'entrée principale où je me stationnai. Le temps de ramasser mon bataclan, de verrouiller l'auto et j'étais quasiment dans la porte quand j'entendis crier :

– Monsieur !

Un petit homme se dirigeait résolument vers moi.

– Où allez-vous, monsieur ?

– J'ai rendez-vous avec monsieur Bernard Pelletier.

– Vous êtes donc un visiteur !

– Évidemment.

– Le stationnement des visiteurs est là-bas, dit-il en me désignant le bout du monde.

– Oui, mais il n'y a personne.

– Le stationnement des visiteurs est là-bas. Vous avez de la monnaie pour le parcomètre ?

– Euh… oui, dis-je en me fouillant les poches.

– Très bien !

Je ne le laissai pas planté là à me regarder bien longtemps. Je sautai dans l'auto, me dirigeai vers le bout du monde et revint lentement à pied.

Il était resté debout près de la porte à me regarder venir et quand je le croisai, il me gratifia d'un large sourire en me disant :

– Bonne journée, monsieur.

– Merci.

Quelqu'un d'autre l'aurait peut-être abîmé de bêtises. Moi, je me retenais plutôt pour ne pas rire. J'appréciais la rigueur de ce cerbère qui manquait certainement d'occupations en cette journée d'été et qui avait enfin trouvé une occasion d'exercer son mandat dans toute sa rigueur.

***

Monsieur Pelletier me reçut avec une affabilité certaine. Il avait accumulé sur le coin de son bureau

156

une pile de paperasses épaisse comme ma main et, tandis que nous échangions les politesses d'usage sur la température et la beauté de la région, je lorgnais la chose avec une appréhension finalement justifiée. Il l'attira vers lui, m'expliqua brièvement de quoi il s'agissait et la repoussa vers moi avec un large sourire en disant :

– Si je puis faire autre chose, vous pouvez toujours me rappeler. Pour l'instant, madame Johanne Jean, la vice-rectrice, vous attend.

Je voulais crouler. Il en est ainsi à tout coup. Vous voulez causer avec un employé, on vous envoie chez le président. Vous parlez avec un échevin, il voudrait vous envoyer voir le maire. Vous vous informez du nom du député de la place et on vous demande si vous ne devriez pas le rencontrer.

Par bonheur, madame Jean, maintenant rectrice, était la femme la plus ordinaire et la plus gentille qui soit, assise avec un sourire derrière un bureau aussi encombré qu'ils puissent l'être. Pourquoi déranger ainsi les gens sans préavis pour des demandes somme toute banales ? Pour le travail ordinaire d'une journée ordinaire, madame la vice-rectrice avait enfilé une petite robe d'été sans prétention et je me félicitais de n'avoir pas téléphoné la veille alors qu'elle se serait peut-être habillée comme l'impératrice des Indes pour me recevoir.

Et, le plus simplement du monde, elle se mit à me raconter l'histoire ou plutôt le rôle de l'UQAT, la seule université vraiment régionale du Québec avec ses campus de Rouyn-Noranda et de Val-d'Or, ses centres d'Amos, de Chibougamau, de La Sarre, de Matagami-Radisson, de Lebel-sur-Quévillon, de Barraute-Senneterre, de Ville-Marie–Témiscaming ; avec un rayon d'action qui va de Témiscaming, au très sud du Témiscamingue, jusqu'à Puvirnituk au très nord du

Nouveau-Québec, la bagatelle de 1180 km. Beaucoup de clientèles différentes et une présence partout en région. Plus enracinée que toute autre université. Bref, l'université d'un pays dans un pays.

– Et quand l'étudiant ne peut se déplacer, c'est le prof qui le fait.

Exposé limpide et intéressant, sauf que je l'écoutais de plus en plus distraitement, certain de redécouvrir tout cela dans ma brique documentaire. Non, je la regardais et je me demandais : qui est-elle ? D'où vient-elle ? Elle est trop intelligente pour avoir étudié l'administration. Quelle est sa formation de base ?

– Voilà en gros. Vous avez des questions ?

– Oui, vous n'avez pas étudié en gestion ou en administration. Quelle est donc votre formation de base ?

– Géologue, dit-elle en riant. Mais par la force des circonstances, j'ai dérivé.

– Et d'où venez-vous ? Certainement pas de la région.

Rires encore.

– Du Saguenay–Lac-Saint-Jean. Mais, ici depuis vingt-deux ans, j'y ai élevé ma famille et je me considère de la région.

Commence alors le placotage intéressant : le climat politique, la proximité de l'Ontario avec ses terrains de camping plus beaux que ceux du Québec, les activités, culturelles, sociales, et l'heure passe…

– Monsieur Bussière va m'attendre.

– Vous ne vous y retrouverez jamais. Venez, je vous accompagne.

Je la suis en silence dans un labyrinthe de corridors et d'escaliers et je la quitte sur un simple «Merci beaucoup» en prenant bien garde de ne pas ajouter qu'elle est une femme merveilleuse.

***

L'histoire se répète à peu près textuellement avec monsieur Bruno Bussière, un fort gentil jeune homme qui va me dresser un large portrait de la situation minière en Abitibi-Témiscamingue. Sans doute le fit-il très bien, car j'ai encore des notes qui parlent des mines Doyon, Dorimont, Mouska, Selby, Bouchard-Hébert et autres dispersées sur le territoire à Cadillac, Joutel, Destor, Arntfield et où encore. Mais il eut le malheur de commencer son exposé par une affirmation magistrale qui, pour moi, allait estomper tout le reste, et je résume :

Plusieurs des mines de la région sont bel et bien épuisées, mais plusieurs autres sont tout simplement dormantes parce que la valeur de refuge n'est plus l'or, mais le dollar américain. Le prix de l'or ne justifie tout simplement pas le coût de leur exploitation. Point à la ligne.

À partir de là, je n'écoutai plus vraiment. C'est-à-dire que je l'écoutais mais en pensant encore à autre chose. D'où venait-il ? Quel âge avait-il et quelles études avait-il faites pour être si savant, car, de toute évidence, il l'était.

Et puis, il était visiblement nerveux, comme si ma petite personne l'intimidait et cela m'agace au dernier degré. Vanité des vanités, au cours de la vraie conversation qui suivit, il m'avoua qu'il était nerveux parce que sa femme attendait leur premier enfant.

La vraie conversation m'apprit qu'il était lui aussi originaire du Lac-Saint-Jean, qu'il travaillait en étroite collaboration avec les gens de Polytechnique à Montréal, qu'il était, entre autres choses, titulaire de la chaire de recherche du Canada sur la restauration des sites miniers abandonnés et que la gestion des rejets

159

miniers était pour l'heure sa principale préoccupation professionnelle. En poste au campus de Val-d'Or, il était en plein cœur de sa talle d'oignons.

L'heure se passa fort agréablement et je note, à la fin, une anecdote qui me fait encore sourire. Monsieur Bussière rencontra, dans le corridor, un confrère avec qui il discuta, pendant quelques minutes, d'un sujet quelconque, une prochaine réunion, je crois. Il me confia ensuite que ce professeur était un original, qu'il enseignait à Rouyn-Noranda mais qu'il demeurait à La Sarre – 88 km plus au nord – pour être plus près de la nature. Avec sa population de 8 060, La Sarre est effectivement plus près de la nature que Rouyn-Noranda avec ses 41 389 âmes. Au fait, La Sarre est une éclaircie de quelques hectares en forêt.

***

Le retour à mon gîte ne fut pas sans histoire. Je cherchais péniblement mon chemin, une carte sur les genoux, quand je me trouvai soudain devant un feu jaune en plein milieu d'une intersection. J'accélérai juste assez pour ne jamais voir le rouge, mais un policier me suivait et se hâta de me donner un coup de crécelle. Il me fit signe de me ranger, descendit de voiture et se dirigea vers moi avec une joie sans doute contenue, car c'était un masque de bronze sur une stature de gorille.

– Vous avez passé sur la jaune.

– Oui, mais je n'ai pas vu la rouge. Regardez ma carte, je cherchais la rue Gamble.

– On doit arrêter sur la jaune.

– Pas quand on est déjà engagé.

– On doit arrêter sur la jaune. Je vous ai fait une contravention, mais sans points de démérite. La rue

Gamble est à gauche après le garage de Monsieur Muffler.

Quatre-vingt-cinq dollars! Je le regardais aller dans mon rétroviseur, calme comme un robot. Un autre cerbère qui avait réussi sa journée. Il y a de ces moments dans la vie où je voudrais me transformer en moufette et donner libre cours à mon inspiration.

26
Roc-d'Or

Hier comme aujourd'hui, plusieurs des futurs avocats s'attachaient à quelque parti politique dès leurs études universitaires, quand ils ne l'étaient pas depuis leur naissance par atavisme familial, et Jacques Miquelon, étudiant en droit à l'Université Laval, n'allait pas échapper à la règle, militant de l'Union nationale dès son congrès de fondation à Sherbrooke en 1936. Le Parti libéral gouvernait le Québec depuis 1897 et, comme cela devait se produire à rebours en 1960, il était «temps que ça change», ce qui ne manqua pas d'arriver, l'Union nationale prenant le pouvoir dès l'année de sa fondation.

Jacques Miquelon ne se trouva pas un job pour autant. À Québec, les bureaux d'avocats étaient sursaturés et l'avenir ne promettait rien aux blancs-becs frais émoulus de la faculté. On y parlait pourtant d'un petit Klondike bien québécois mais très lointain, l'Abitibi, où les chômeurs des bords du fleuve choisissaient de devenir colons ou mineurs, répondant à l'appel du gouvernement ou des cartels miniers de l'Ontario et des États-Unis.

Au milieu des années 1920, Edmund Horne, un prospecteur d'Haileybury sur la rive occidentale du lac Témiscamingue, s'était dit que les riches formations géologiques de son patelin ne s'arrêtaient pas nécessairement au méridien 79° 27' qui faisait frontière entre l'Ontario et le Québec. Il se permit de le traverser vers l'est pour venir fureter au Québec et y découvrir de l'or, du cuivre, de l'argent, du zinc, des lacs, des épinettes et des maringouins, la même chose qu'en Ontario, quoi! Boum immédiat de l'épopée minière et naissance du Far West québécois avec les villes de Noranda, Rouyn, Bourlamaque, Val-d'Or, Malartic et autres.

Noranda et Bourlamaque étaient strictement des villes de compagnies réservées au personnel et aux services essentiels des entreprises. Rouyn et Val-d'Or étaient des bourgs de petits commerçants et de va-nu-pieds qui s'agglutinaient aux villes minières pour offrir ce qu'elles n'offraient pas, d'où un méli-mélo indescriptible dans l'organisation des services municipaux d'aqueduc, de voirie et de tout ce qu'on peut imaginer. Littéralement le bordel, au propre et au figuré, et tout cela dans les dernières années du règne libéral.

Or, les mines Canadian Malartic, Sladen et East Malartic de même que Malartic Goldfields commencent leurs activités de 1935 à 1939, non loin de Val-d'Or en direction de Rouyn. Duplessis et son Union nationale qui prennent le pouvoir en 1936 décident que c'en est assez du bordel et que Malartic ne sera pas une ville de compagnie comme Noranda et Bourlamaque. Toute une série d'interdictions sont décrétées en attendant que l'arpentage, le zonage et le tracé des rues soient faits conformément aux normes provinciales de l'organisation municipale. Cela prend du temps, des hommes, de l'équipement et c'est ce qui manque le plus à la veille de la Seconde Guerre mondiale, de sorte que les braves gens, les aventuriers et les escrocs n'ont pas le temps d'attendre pour offrir les services les plus divers et les plus urgents : boucherie, boulangerie, hôtellerie, mécanique, etc., sans oublier les «loisirs» et la «récréation».

Malartic ne sera pas un bordel. Le bordel sera tout juste en banlieue où les squatters s'installent à qui mieux mieux sur les terres de la Couronne. Le gros des habitations sera construit en bois rond, même pas écorcé, directement sur la terre battue. Pour l'eau courante, les égouts, les services municipaux : horizon zéro. Ses habitants appelleront leur village Roc-d'Or, mais pour les gens de la mine et des environs, ce sera plutôt Putainville ou Paris Valley et une carte géographique de l'époque en fait mention.

C'est là que Jacques Miquelon arrive à l'âge de vingt-six ans en 1937, après avoir affronté le néant de sa profession dans la vieille capitale et après avoir vaguement évalué l'avenir d'un avocat à Malartic. Il y a bien un train qui l'aurait emmené de Québec à Amos en vingt-quatre heures, à peu près, mais il vient plutôt en *truck* avec son ami Robert Tremblay, grossiste en bonbons et tabac. L'unique trajet possible est à suivre du doigt sur la carte : Québec, Montréal, Ottawa, Arnprior, Pembroke, Mattawa et coucher à North Bay. Le lendemain, petit détour pour saluer les jumelles Dionne à Callender et ensuite, New Liskard, Haileybury, retour au Québec à Notre-Dame-du-Nord et Rouyn. Malartic est à peine à soixante-quinze kilomètres plus loin, mais faute de route, il faudra remonter jusqu'à La Sarre et couper vers Macamic, Taschereau, Authier, Amos pour redescendre le long de l'Harricana où la voiture s'enlise soudain dans le gravier. Un jeune homme dans la vingtaine, un pur inconnu, commis pour des entrepreneurs d'Amos, s'offre à les dépanner. Le pur inconnu sera plus tard un féroce adversaire politique du député puis du ministre Miquelon, Réal Caouette.

Ce jour-là, le jeune Mᵉ Miquelon est bien loin de toute ambition politique. Avec son ami Tremblay, il se cherche un domicile. Inutile de penser à Malartic, ils seront déjà bien chanceux d'en trouver un à Roc-d'Or, un shack en bois rond de 6 m sur 8 qui leur sera chambres, entrepôt et bureau, rue Principale s'il vous plaît, avec un loyer mensuel de 65 $, le même que pour l'appartement de la famille Miquelon, cinq chambres à coucher, rue Saint-Cyrille à Québec.

Pas question de cuisiner dans ce coqueron ; pour leurs repas, les deux lascars traverseront plutôt la *Main* pour aller déjeuner en face chez un Belge, 10 cents, prendront leurs autres repas, 50 cents, à une table permanente au chic hôtel Saint-Louis, construit en belles planches.

Il en sera ainsi pendant un an, et quelle année ! La rue Principale a un faux air de respectabilité, mais dans les ruelles arrière, c'est le foisonnement des maisons de jeu et des maisons closes, très ouvertes. Faut-il préciser que la plupart des travailleurs embauchés par les compagnies minières sont des célibataires, souvent des Polonais et des Ukrainiens, logés à deux par chambre dans les *bunk houses*, et qu'ils ont mieux à faire le soir que de réciter le chapelet dans leur lit ? Les *blind pigs* sont florissants ; les cartes ne sont pas truquées ; la bière est chère mais elle est bonne et les bouteilles volent bas en fin de soirée selon l'humeur des perdants. À la porte voisine attendent les filles venues de Montréal la veille des jours de paye, et elles n'attendent pas longtemps.

Jacques Miquelon raconte tout cela dans des mémoires délicieux qu'il a écrits pour sa famille et ses amis seulement, et il faut espérer qu'une indiscrétion les rendra publics un jour ou l'autre, car tout y grouille d'une activité humaine spontanée avant que l'organisation sociale ne vienne tempérer et contrôler les initiatives personnelles ou collectives.

La semaine se passe généralement à Roc-d'Or, mais le samedi soir se fête en ville, au Château Malartic. Jacques Miquelon, ancien de la chorale du petit séminaire de Québec, y tient le piano et entraîne les joyeux fêtards dans un tout autre répertoire. Cela vient aux oreilles du curé qui le convoque dès le lendemain. Dans un aussi petit milieu, il s'attend à toute une réprimande, lui, le tout jeune arrivé. Mais non, le curé Renaud lui demande tout bonnement de venir chanter ses messes le matin ! De la partie de cartes dans une barbote au grégorien dans la chapelle, une ancienne écurie en fait, il n'y a que quelques heures et il fait si froid dans la chapelle qu'il y chante avec son paletot, abrégeant même le Dies irae à l'occasion, avec la complicité du curé qui gèle tout autant que lui.

Les affaires commencent lentement mais le jeu et l'alcool amèneront une certaine prospérité. Roc-d'Or, village de squatters, ne connaît les permis de boisson ni les taxes, d'où une certaine tolérance des autorités policières. Tolérance n'est pas permissivité totale, cependant. La police de Val-d'Or vient faire son tour tous les quinze jours, toujours dans un établissement différent par souci de justice distributive. Tenanciers et clients sont soumis à l'amende et le seul avocat de la place s'occupe des cautionnements et des règlements judiciaires. Les policiers ayant besoin de lui, il est toujours prévenu de ne pas se trouver sur les lieux visités, car on pense bien que le jeune Miquelon ne passe pas toutes ses soirées assis sur la chaise droite de sa chambre.

Malartic s'organisant à peu que peut, Jacques Miquelon réussira à s'y trouver un appartement convenable en septembre 1938 et à enfin marier la fiancée qui l'attend toujours à Québec. Il quitte Roc-d'Or mais y trouvera pendant quelque temps encore une source de revenus intéressants, car l'État a la tête dure et Roc-d'Or devra disparaître, ce qui laisse place à de multiples contestations judiciaires. Une à une, les maisons qui peuvent l'être seront déplacées à Malartic ; le bulldozer s'occupera des autres dans une pénible séquence qui durera dix ans.

En 1944, l'Union nationale reprend le pouvoir perdu aux élections de 1939. Après avoir réglé ses affaires à Val-d'Or un après-midi, Me Miquelon s'offre quelques libations à la taverne avec ses amis et, revenu à la maison, il reçoit un coup de téléphone de Maurice Duplessis qui l'invite à devenir procureur de la Couronne immédiatement, car une cause importante s'inscrit à Amos. Le jeune avocat, qui croit reconnaître ses amis de buvette, se moque du premier ministre et l'envoie péter dans les fleurs, jusqu'à ce que son frère Paul intervienne au bout du fil.

– Qu'est-ce que t'as, Jacques ? Monsieur Duplessis te parle sérieusement.

On peut imaginer la suite.

En 1948, le téléphone sonnera encore. Cette fois, ce sera Jos-D. Bégin qui le convoquera à Québec et lui demandera de poser sa candidature comme député d'Abitibi-Est. Miquelon refuse par respect pour sa femme à qui il a fait une promesse formelle en ce qui regarde la politique. Bégin l'envoie au bureau du premier ministre et celui-ci demande à sa fidèle mademoiselle Cloutier de le mettre en communication téléphonique avec madame Suzanne Miquelon, de Malartic.

Jacques Miquelon sera député de 1948 à 1952 et ministre en plus, de 1952 à 1960. Hôpitaux, écoles, infrastructures, tout le développement institutionnel de l'Abitibi passera par son bureau. De son arrivée à Roc-d'Or en 1937 jusqu'à son entrée au conseil des ministres en 1952, il fut maître de chapelle de la paroisse Saint-Martin de Malartic. Il est décédé à Montréal le 16 juin 2004 à l'âge de quatre-vingt-onze ans et huit mois.

Le 24 août 1937 à Roc-d'Or, Jacques Miquelon signait un contrat pour son premier client. Il toucha des honoraires de cinq dollars pour l'original et de un dollar pour la copie. Il écrivit la date sur le dollar, le fit encadrer, l'afficha sur le mur de sa bicoque sous un fer à cheval et le garda ensuite jusqu'en l'an 2000 alors que, invité à prononcer une causerie devant les membres de la Société historique de Malartic, il leur en fit cadeau.

27

Sous terre

Jean-Noël Boissonneault, soixante-six ans, est devenu mineur à quinze ans, comme son père l'était, et avec un certain nombre d'intervalles en surface dans le domaine de la construction, il a travaillé dans les mines de Malartic pendant quarante et un ans par quarts de huit heures, soit à peu près cent huit mille heures à des profondeurs variant de cinquante à neuf cents mètres ; au total, presque douze ans et demi de sa vie sous terre, et si ça n'était de l'âge, il y retournerait volontiers. Ses trois filles ont également travaillé sous terre pour payer leurs études. Son fils n'a jamais voulu.

Papa Boissonneault venait de Grand-Désert en Ontario, près de North Bay, et, avec le boum de la colonisation, il était venu s'établir et prendre femme à Authier, sur la ligne du Transcontinental, mais, compte tenu de la valeur des choux et des carottes ainsi que de la progéniture galopante qui était également produit de son travail, il n'avait pas résisté au boum de l'or et avait volontiers dérivé vers Malartic où il s'était retrouvé mineur à la East Malartic Mines.

Époque terrible à laquelle nul ne veut songer aujourd'hui. Incapable de se loger à Malartic, il avait fait comme tout le monde, s'installant en squatter dans une cabane en bois rond à Roc-d'Or avec sa femme, ses cinq enfants, deux cochons et quelques poules dans l'enclos attenant.

Jean-Noël Boissonneault naît à Roc-d'Or en 1938 et y vit jusqu'à l'âge de six ans, en 1944. Cette année-là, la ville de Malartic est prête à recevoir ses nouveaux arrivants. Le territoire municipal est loti, les rues sont tracées, les services d'aqueduc et d'égout sont disponibles. Dès lors, la cabane de Roc-d'Or, tirée par bulldozer sur des lisses de bois, déménage «en ville» où elle est rénovée, agrandie, enjolivée, au point d'être aujourd'hui encore une des bonnes petites maisons anonymes de Malartic.

Neuf ans plus tard, le 29 novembre 1953, à l'âge de quinze ans, Jean-Noël suit son père à la mine East Malartic. Il travaillera d'abord en surface, «au moulin», l'usine où, après broyage, l'extraction se fait par flottaison dans le cyanure avant que le concentré ne soit dirigé vers la fonderie voisine qui en tire de l'or, du fer et du zinc.

Il y restera seulement six mois, car la construction bat son plein à Malartic. Son père a quitté la mine pour ces nouveaux chantiers et Jean-Noël l'y suit pendant deux ans avant de revenir à la mine, et, cette fois, c'est pour de vrai. À 7 h 30, la cage – notre autobus, notre métro – le descend sous terre dans le labyrinthe des galeries où forage, dynamitage, ramassage occupent le gros de ses journées. Le concassé est envoyé là-haut à mesure qu'il s'en produit, mais il faut aussi étayer et sécuriser parois et plafonds avec poutres, grillages et, en fin de programme, il reste à nettoyer la place de toutes les saletés inutiles, la «muck». Il a eu trente minutes pour le lunch, sur place, et, tous ses travaux achevés, la cage le remonte en surface à 15 h 30.

Une fois par jour, les ingénieurs descendent examiner le filon et déterminer la direction dans laquelle les forages doivent se poursuivre. Les équipes se relaient ensuite en quarts de huit heures.

Jusqu'à l'âge de quarante-trois ans, Jean-Noël Boissonneault alternera, selon la conjoncture, entre la construction, la vente d'automobiles et les travaux miniers qui l'enverront notamment au fond de la Canadian Malartic Gold Mine pendant cinq ans et demi.

Mais en 1981, finie l'alternance. Il entre à la mine Kiena, à Dubuisson, et y serait encore si ça n'était de l'âge.

C'est que, avec le temps, la technologie et la machinerie ont connu des développements assez spectaculaires dans le domaine minier et notre homme s'est fort amusé à découvrir les nouveautés et à suivre le rythme en même temps que l'aménagement souterrain s'améliorait au-delà de toutes prévisions. L'éclairage général s'est ajouté à la lampe du mineur dans les galeries. L'aération fait l'objet de vérifications constantes. Les pompes en fonctionnement continu assurent la rotation de l'eau ainsi que l'étanchéité des lieux. L'entreprise fournit l'habillement approprié. Cafétérias, douches, postes de repos, premiers soins et commodités diverses valent sous terre les installations de surface.

– Et puis, sous terre, tu bénéficies d'une température constante. T'as pas d'orages, pas de tempêtes. Tu passes pas ton temps à t'habiller et à te déshabiller pour travailler.

– C'est quoi, la température constante?

– Ça dépend toujours du niveau. À la East Malartic, je suis descendu jusqu'à neuf cents mètres.

Pas loin d'un kilomètre, hein ? Je n'ai pas travaillé à la mine Bousquet, mais elle était plus profonde et les travailleurs devaient prendre des précautions parce que c'est trop chaud, surtout que la machinerie dégage toujours beaucoup de chaleur.

– Et les accidents ?

– Ah ! aujourd'hui c'est très sécuritaire. Y a pas une entreprise qui veut prendre de risques avec la vie des travailleurs. Et les unions sont là pour y voir de près. Évidemment, il y a toujours l'erreur ou la négligence humaine. Si tu dois porter un masque et que tu le portes pas, ben...

– Vous avez eu un, des accidents ?

– On peut pas passer plus proche que ça. Un tuyau de deux pouces de diamètre et de vingt pieds de long a été échappé à la verticale d'une hauteur de quarante pieds. Il m'a frôlé la nuque, est entré dans le col de mon survêtement, a poursuivi sa route et m'a cloué au sol.

Silence !

– Rien d'autre ?

– Pas moi, mais mon compagnon de travail. Un plafond de roc d'une vingtaine de tonnes s'est détaché et il n'a pu l'éviter complètement. Avec l'aide de mes compagnons, je l'ai ramassé et l'ai retourné en haut. Il était mort, évidemment.

Quand Jean-Noël Boissonneault parle de travail sécuritaire, il faut le situer dans une mine de minerais filoniens où tout est du solide, au contraire d'une mine de charbon où un soudain coup de grisou peut endeuiller une ville dans le temps de faire boum.

Il y a manque de main-d'œuvre qualifiée dans le domaine minier et il n'arrive pas à comprendre que les jeunes ne soient pas intéressés par des postes très recherchés, par les bons salaires, «les belles grosses machines»...

– Et les femmes ?

– Il y a des femmes partout dans l'industrie minière et de plus en plus. Chez les propriétaires, dans l'administration et dans la mine.

– Est-ce que tout le monde partage votre enthousiasme ?

– Ah ! C'est comme partout ailleurs. Y en a qui sont jamais contents.

« Moi, j'ai beaucoup aimé ma vie de mineur et je serais encore là si j'étais plus jeune. »

28

Les chevalements

Aouinia Hi Aouinia Han
Au pays des chevalements
On les voit tous dresser la tête
Bien au-dessus des épinettes
Impassibles comme des sages
Ils surveillent le paysage
Et veillent sur d'amples trésors
D'argent de zinc de cuivre et d'or

Ils trônent parmi les débris
Amoncelés en des terris
Sur un paysage lunaire
Les vomissures de la terre
Ils cachent câbles et poulies
Tout un méchant roulis-roulis
Dans un chassé-croisé de bennes
Qui montent descendent et reviennent

Les mineurs enfouis dans le trou
Grugent la terre par-dessous
Ils ont le teint plutôt cuivré

Alors qu'ils le voudraient doré
Et font de bien drôles de vies
Car le jour pour eux c'est la nuit
Et la nuit c'est la nuit quand même
Lorsqu'une benne les ramène

Jusques au pied des monuments
Toujours figés malgré le vent
Où les épinettes ondulent
Dans l'agonie du crépuscule
Et la nuit devenue demain
Ils reprendront tous les chemins
Qui mènent aux chevalements
Aouinia Hi Aouinia Han

29

Un simple jardin

C'est un simple jardin, un jardin dans un jardin près du lac Édouard, au bout de l'avenue Principale. Dans le parc «À fleur d'eau» où s'élabore lentement un jardin botanique encore jeune, un magicien ou une fée a eu la gentillesse de nous montrer l'essentiel de l'Abitibi-Témiscamingue d'un seul coup de sa baguette légendaire. Le poète Raoul Duguay a écrit que l'Abitibi avait un ventre en or, et c'est dorénavant écrit partout pour peu que le mot Abitibi soit écrit quelque part. De cette prémisse lumineuse, encore qu'un peu floue, quelqu'un a extirpé la substantifique moelle et l'a simplement étalée ici et là dans l'herbe. Le ventre de l'Abitibi-Témiscamingue, le voici à la face des voyeurs dans le jardin géologique de Rouyn-Noranda : seize blocs de minerai provenant d'autant de mines de la région. Seize cailloux de cinq tonnes ou moins qui illustrent les entrailles du pays et, surtout, qui racontent son histoire, car, épinettes et maigres lopins mis à part, les gens ne sont venus que pour ça.

Prospecteurs d'abord, ils sont venus sonder la roche et la roche les a surpris au point de leur faire pousser de hauts cris qui ont ameuté le petit monde des financiers et le vaste peuple des chômeurs.

Ici, dans ce simple jardin, la pierre récite la rugueuse poésie de cet immense patelin. Les couplets se suivent au long des sentiers qui serpentent entre les fleurs et les arbustes. Il faut les écouter, car c'est un chant presque unique au monde, un chant d'exploits démesurés comme seuls les êtres humains en sont capables sur cette planète, un chant de richesses et de misères qui ne doit s'écouter qu'avec une admiration pieuse.

Formation de fer (magnétite grise, hématite rouge et chert) avec veine de quartz. Minerai d'or. Mine Casa Berardi. Secteur de La Sarre – Normétal.

Veine de quartz avec pyrite et ankérite. Minerai d'or. Mine Silidor. Secteur de Rouyn-Noranda.

Diorite porphyrique altérée en pyrite, séricite et chlorite avec veine de pyrite, quartz et chalcopyrite. Minerai d'or. Mine Doyon. Secteur de Cadillac.

Veine de quartz, de tourmaline et de pyrite avec schistes à séricite et fuchsite. Minerai d'or. Mine Sigma. Secteur de Val-d'Or.

Tuf felsique à lapilli (roche volcanique). Mine Bouchard-Hébert. Secteur de Rouyn-Noranda.

Sulfures massifs. Minerai de cuivre, zinc, or et argent. Mine Laronde, secteur de Cadillac.

Sulfures filoniens de chalcopyrite, de sphalérite, de pyrite, de galène. Minerai de cuivre, zinc, argent et or. Mine Selbaie. Secteur Joutel-Matagami.

Sulfures massifs de pyrrhotine et de pyrite. Minerai de cuivre et d'or. Mine Horne. Secteur de Rouyn-Noranda.

Sulfures rubanés de sphalérite, de pyrite, de chalcopyrite. Minerai de zinc, de cuivre, d'argent et d'or. Mine Bell-Allard. Secteur de Joutel-Matagami.

Sulfures massifs de pyrite, de chalcopyrite et de chlorite. Minerai de cuivre, zinc, or et argent. Mine Louvicourt. Secteur de Val-d'Or.

Arénite quartzitique avec fossiles (orthoceras). Carrière de Saint-Bruno-de-Guigues. Secteur du Témiscamingue.

Granite rouge. Carrière de Ville-Marie. Secteur du Témiscamingue.

Granite rose. Carrière de Rémigny. Secteur du Témiscamingue.

Quartzite vert (roche métamorphique). Carrière du lac Beauchêne. Secteur du Témiscamingue.

Stromatolite (roche sédimentaire carbonatée) et micro-fossiles datant de 2,7 milliards d'années. Secteur de Joutel-Matagami.

En fait de poésie, c'est très différent, il est vrai, de

Mignonne, allons voir si la rose
Qui ce matin avait déclose
Sa robe de pourpre au soleil
A point perdu cette vesprée
Les plis de sa robe pourprée
*Et son teint au vôtre pareil**

---

* Extrait du poème, *Mignonne, allons voir si la rose* de Pierre de Ronsard.

mais, avec le vent dans les épinettes, c'est toute la poésie de ce pays, un chant de sirènes qui a déplacé plusieurs milliers de gens venus d'aussi loin que l'Europe de l'Est et d'aussi près que les rives du Saint-Laurent, tout de même à une journée ou plus des trésors enfouis, un chant de sirènes qui a transformé des chômeurs en mineurs professionnels que tout un peuple d'arpenteurs, d'avocats, de banquiers, de boulangers, de cuisiniers, d'hôteliers, d'infirmières, de filles, de marchands, de médecins, de notaires, de mécaniciens, de médecins, de prêtres, de religieuses, de souteneurs et de charlatans a suivis «pour les y aider» dans la naissance d'un pays neuf tandis que les richesses de l'Abitibi s'en allaient aux quatre coins du monde pour devenir automobiles, avions, bicyclettes, bijoux, boîtes de conserve, coffrets de sûreté, monnaies de référence, poutres de construction, wagons de chemin de fer, bref, toute la base des inventions d'une civilisation en mal d'éclosion.

Un simple jardin qui raconte les milliards d'années d'évolution d'une petite planète solaire et la soudaine effervescence d'une poignée d'hommes qui, depuis moins d'un siècle, s'acharnent à en dépecer un petit morceau de croupe jour après jour.

30

La cheminée

Elle se dresse au-dessus de la ville de Rouyn-Noranda comme un monument emblématique et se coiffe sporadiquement de grands panaches blancs que le vent module à sa fantaisie avant de les disperser aux horizons qui lui chantent.

La cheminée de la fonderie Noranda est un monument plutôt honni, maudit, pour les rejets acides qu'elle a jetés autour d'elle pendant des années, empoisonnant la biologie des alentours. On a déjà dit qu'il ne fallait pas se tremper le gros orteil dans le lac Osisko sous peine de le perdre, et le lac est en plein cœur de la ville.

Aujourd'hui, on dit que la cheminée a tellement purifié ses exhalaisons qu'on a pu ensemencer le lac et que la pêche y est déjà bonne.

Mais le symbole demeure. Symbole de pollution et symbole d'asservissement d'une population à une industrie unique, maître de l'économie de la région. Sous la ville, la mine est fermée, où les citoyens descendaient tous les jours pour faire fumer la cheminée, et le cuivre vient maintenant d'ailleurs. D'aussi loin que le

Chili, me dit-on, car la fonderie vit toujours, symbole de toutes les servitudes.

La littérature d'ici est riche en amertume, en doléances, en plaintes existentielles. Richard Desjardins les résume à peu près toutes quand il chante :

J'entends la fonderie qui rush
Pour ceux qui l'savent pas
On y brûle de la roche
Et des tonnes de bons gars

Les grandes cheminées
Éternelles comme l'enfer
Quand le gaz m'a pogné
Chu v'nu tout à l'envers

Entendez-vous la rumeur
La loi de la compagnie
Il faudra que tu meures
*Si tu veux viv' mon ami**

Pas drôle, ça.

Toutefois, comme par hasard, j'ai dans ma serviette cette coupure de presse du 13 juillet 2003 qui chante une autre chanson :

« *Le Citoyen* a appris que la Ville de Rouyn-Noranda, la Table de concertation économique, le Syndicat des travailleurs de la mine Noranda et des développeurs économiques réuniront leurs forces afin de tout faire pour garder les activités de la fonderie en ville. »

Hélas ! Les sociétés minières et forestières ont attaqué l'Abitibi et le Témiscamingue avant que Rachel Carson n'invente l'écologie en 1962, avant que l'État

---

* Richard Desjardins, *Et j'ai couché dans mon char*, Éditions Foukinic.

n'adopte les lois de santé et de sécurité au travail, avant les allocations familiales, avant les prestations d'assurance-chômage et d'assistance sociale.

L'inévitable rattrapage est énorme et personne ne chantera le panégyrique de ces sociétés qui n'avaient d'œillères braquées que sur le profit, mais sans elles il n'y aurait toujours, dans ces territoires, que des Algonquins, des trappeurs, des oiseaux, des poissons, des animaux à fourrure et des maringouins. Personne pour chanter *Tu m'aimes-tu ?*

Personne pour rêver et mettre en œuvre le développement durable qui flotte comme une bannière d'espoir et de ralliement au-dessus des collines Abijévis, des monts Chaudron et Kékéko, des rivières Kinojévis et Harricana.

Et la cheminée fume toujours.

31

Le train

Deux voix m'invitaient en ce pays depuis fort longtemps : celle de Samuel de Champlain qui remonta vers le Témiscamingue par l'Outaouais, au sud, et celle de Mgr Félix-Antoine Savard qui, par la voie du Nord, y amena les plus pauvres de ses ouailles de Charlevoix, de 1934 à 1938, pour participer au grand mouvement de colonisation de l'Abitibi. Il en a laissé un livre magnifique, *L'Abatis*, qui n'a jamais cessé de me fasciner, ce pour quoi j'ai pris le train pour Senneterre, gare Bonaventure à Montréal, 8 h 30 en ce matin du 22 mars, afin de le suivre, lui et les siens, dans leur aventure.

Bel imbécile, j'ai oublié le livre à la maison et je m'en ennuierai à pleurer tout le long des douze heures du périple. À vrai dire, je le sais un peu par cœur, mais il m'aurait servi de compagnon familier dans cette solitude longue comme une éternité.

Le but de l'exercice était de revivre l'expérience des pauvres gens qui s'en allaient coloniser l'Abitibi, exercice encore pénible s'il en est, même si les conditions du voyage ont sans doute été améliorées de cinquante pour cent ou plus depuis 1934.

De Montréal, personne ne prend plus jamais le train pour se rendre en Abitibi. La route est belle à l'auto, l'autobus, confortable et l'avion, ben, on n'en parle pas. Pourtant, nous sommes deux à destination de Senneterre, une dame et moi. Plus sage que moi, elle s'était apporté du travail alors que je m'étais promis de regarder dehors pendant douze heures. J'aurais dû lui parler, l'interroger, mais je n'ai pas osé.

En tout, nous ne sommes pas dix dans le wagon. Les huit autres descendront ici et là entre Montréal et La Tuque. Mais à la gare Jean-Talon, nous prendrons un passager qui, lui, descendra à Clova, au beau milieu des solitudes de la Haute-Mauricie.

Et le train s'ébranle au parmi d'un ennui crucifiant qui deviendra bientôt un véritable calvaire. Précisons tout de suite qu'il y a un wagon pour Senneterre et un wagon pour Jonquière. Ils se détacheront à Hervey-Jonction en Mauricie au cours d'une manœuvre interminable, mais toutes les manœuvres seront interminables jusqu'à La Tuque, à 13 h 30.

Au départ, le convoi n'arrive plus à sortir de Montréal. Par un caprice de l'histoire difficile à comprendre, la voie ferrée qui naît au pied de la montagne se dirige vers l'ouest pour la contourner par le nord avant de se pointer vers l'est qui est sa véritable destination. Bref, le train met plus d'une heure à se rendre à Pointe-aux-Trembles alors qu'une auto peut le faire en vingt minutes hors des heures de pointe.

Et pourtant…

Le voyageur n'est pas au bout de sa frustration, car en se dirigeant vers Grand-Mère le train fera de fréquents arrêts pour prendre un passager ici, en laisser un là, mais, le plus souvent, pour se garer en voie parallèle et laisser la voie principale à des convois de marchandises longs comme des kilomètres et des kilomètres de saucisse. Bref, les douze heures du trajet ont peu à voir avec la distance, car, dans sa première demie, le train ne roule pas, il est toujours arrêté. Via Rail veut bien prendre des voyageurs de Montréal à La Tuque, sauf que ça n'est pas un train de voyageurs. Les choses se corrigent à Hervey-Jonction après la manœuvre qui scinde le convoi en deux, l'un vers le Saguenay, l'autre vers l'Abitibi.

Quant aux paysages, aussi bien n'en pas parler. Pendant des heures en milieu urbain et suburbain, il nous offre le derrière des maisons, ou celui des établissements commerciaux et industriels, l'un distrayant de l'autre.

Mais après Hervey-Jonction, enfin on roule.

**

Par bonheur, Mélodie était à bord.

Mon âge, toute menue, le visage un peu ratatiné par le grand air, des yeux de feu et un sourire de grand-maman. Elle m'a probablement pris pour un fou tellement j'étais impatient et nerveux. Elle, pas du tout. Nous étions assis côte à côte sur les banquettes de l'enclos «Senneterre» à la gare. J'avais la tête entre les genoux quasiment; elle était droite et posée.

– Nous sommes bien au bon endroit? Nous n'avons qu'à attendre?

– Oui, oui!

En effet, ils finirent par venir. Ils vérifièrent nos billets et disparurent.

– Qu'est-ce qui se passe?

– Le train doit être en piste. Quand ils vont ouvrir la barrière, ils vont venir nous faire signe.

Chère Mélodie! Le wagon était tellement vide que nous prîmes des banquettes voisines.

Nous causâmes un peu avant que le train ne démarre. Elle arrivait d'Acapulco et rentrait chez elle à La Tuque. Elle avait fait un arrêt chez son fils à Valleyfield, qui était venu la reconduire à la gare tôt ce matin. Elle avait la vie éternelle devant elle et, me sentant un peu nerveux, elle me racontait des choses. Pris à part dans leur quotidien, loin des médias, les gens de mon pays sont merveilleux. D'une noblesse sans titre et sans pareille. J'allais en Abitibi ? Ah bon ! Mélodie avait fait toute l'Abitibi en motocyclette avec son mari.

– En motocyclette ?

– Oui, mon mari était fou de la motocyclette, alors je l'accompagnais.

– Votre mari est décédé ?

– Oui. C'était le plus jeune de sa famille. Jamais malade. Ne fumait pas. Prenait pas un coup. Il est parti le premier. Cancer généralisé. Foudroyant. Une affaire de quelques semaines. Il restait pas en place. On a fait tout le Québec en moto. C'est pas lui qui aurait pris le train pour La Tuque comme je fais ce matin et c'est pas lui qui aurait pris le train pour Senneterre comme vous faites. Mon Dieu non !

– Vous demeurez à La Tuque ?

– Oui, je garde ma maison à La Tuque, mais j'ai aussi un chalet dans le parc, un peu avant La Bostonnais. Le lac Borgia, ça vous dit quelque chose ? Je reste là du mois de mai au mois d'août. Toute seule. Je cultive des fleurs. J'ai tout un jardin botanique en plein cœur de la forêt. Des vivaces, des annuelles.

– Il faisait quoi, votre mari ?

– Il était gérant dans un magasin.

– Vous avez plusieurs enfants ?

– Deux. Et quatre petits-enfants.

– Comme moi.

– La plus jeune a dix-huit ans.

– Diable, mon plus vieux a onze ans.

– Vous avez commencé plus tard que moi. Regardez, on arrive à Grand-Mère.

– Attendez que je sorte ma carte pour suivre le trajet.

– Votre carte est maganée, elle a voyagé beaucoup.

– Pas mal.

– Grand-Mère, c'est le pays de Ti-Jean !

– Ben oui !

Et patati et patata dans le roulis roulant qui nous emmène vers La Tuque. À l'arrêt, je lui prends la main et lui dis :

– Madame, le plaisir de voyager ce n'est pas de regarder des paysages, c'est de rencontrer des gens comme vous.

– Je vous souhaite bonne patience jusqu'à Senneterre.

Ah ! cette Mélodie.

***

À La Tuque, le train se remplit presque, car c'est là que commence sa véritable vocation. Avec les croches, les détours et les zigonnages, quelque quatre cents kilomètres nous séparent de Senneterre, la porte de l'Abitibi quand on la prend par ici. Le long de ces kilomètres existent des hameaux isolés par l'hiver, mais où des gens continuent d'exister. L'été, tout un tricot de chemins de bois arrive à réunir un wigwam à l'autre, dans un arrangement plutôt bâtard pour qui ne s'y connaît pas. L'hiver, il y aurait toujours la motoneige, mais vous imaginez la taille du réservoir de carburant pour jouer dans ces distances ? Alors il y a le train. Des deux bouts de la solitude, La Tuque et Senneterre, les gens montent à bord pour se retrouver bientôt dans leur ermitage.

Ermitage qui n'en est pas toujours un. Parent, par exemple. Une vraie grosse place. «On a déjà été quatre mille, qu'il me dit. On est rendu deux cent cinquante.» La papeterie est là, l'église est là. Les maisons sont là. Les autos aussi. Mais si les autos veulent sortir, c'est vers Mont-Laurier, trois cents kilomètres par en bas. En parallèle, cent cinquante kilomètres à gauche ou à droite, ça ne passe pas. C'est le train!

***

Le Transcontinental est une idée de sir Wilfrid Laurier ou de quelqu'un qui lui a soufflé dans l'oreille que c'était indispensable pour soutenir la devise *A mari usque ad mare*, d'une mare à l'autre. En Abitibi, les travaux progressèrent de l'Ontario vers Senneterre et de La Tuque vers Senneterre. Les deux tronçons furent aboutés en 1913 et le premier convoi arriva de Québec en Abitibi le 29 avril 1914.

Oui, c'est le chemin de fer qui a colonisé l'Abitibi. Il n'y avait rien d'autre et il n'y eut rien d'autre avant que la route, trois cents kilomètres de cailloutis, n'arrive à Louvicourt en 1939, venant de Mont-Laurier en même temps que la guerre, ce qui laissa au train tout le loisir de poursuivre son travail.

Curieux que le train arrive en Abitibi avec la Première Guerre mondiale et que la route se pointe avec la seconde!

Toujours est-il que le train a colonisé l'Abitibi et le Témiscamingue à lui seul de 1914 à 1939. Au siècle précédent, le trop-plein des familles nombreuses de la vallée du Saint-Laurent s'était déversé sur les Cantons-de-l'Est et sur le Saguenay–Lac-Saint-Jean. Maintenant, c'était l'Abitibi et le Témiscamingue. Dans un premier temps, les gens venaient surtout de Montréal, de la Mauricie et de la Côte-du-Sud. La colonisation suivit le chemin de fer, de Senneterre à La Sarre en passant par Barraute, Landrienne, Amos, Villemontel, Launay, Taschereau, Authier et Macamic, tout cela à l'horizontale. À la verticale, la colonisation suivit les rivières, l'Harricana et la Bell, qui coulent vers la baie James, et tous les tributaires du lac Témiscamingue et de l'Outaouais qui coulent vers le Saint-Laurent, depuis même Rouyn-Noranda. Après le krach de 1929, il y eut un deuxième élan encore plus au nord, vers le canton Paradis, et c'est celui auquel participa Félix-Antoine Savard avec ses gens de Charlevoix.

«Vers 1934, le chômage sévissait. Imprévoyante, la démocratie avait dévoyé des milliers de terriens vers des industries sans ordre ni mesure. Les désœuvrés peuplaient les villes. La faim et la révolte mobilisaient. La peur suggéra l'expédient des secours directs. Pour financer la paix sociale, nos gouvernants ne trouvaient rien d'autre que ce moyen qui ruinait les ressources humaines et le fondement même de l'État.

«Dans ce désordre, le congrès de colonisation de 1934 fut un moment de sagesse politique, une conversion vers des biens stables qu'on ne méprise jamais impunément. On se résolut enfin à écouter l'Église, à entendre, dans la disette, des économistes qu'on avait méprisés dans l'abondance. Et la croisade du retour à la terre fut décrétée.

«Nous fûmes invités à lever des colons. La campagne, elle aussi, était atteinte par la crise. Et dans sa jeunesse, surtout dans ces fils de paysans, nos plus précieuses recrues, et qu'on eût dû instruire et diriger.»*

---

* Félix-Antoine Savard, *L'Abatis*, Montréal, Fides, 1960, p. 14.

Mais entre ces deux vagues d'assaut, un certain prospecteur du nom d'Edmund Horne, parti d'Haileybury en Ontario, était venu mettre son nez dans les cailloux de cette Abitibi, y avait trouvé du cuivre, de l'or, et avait déclenché la plus vaste ruée jamais vue depuis le Klondike des années 1880.

Un accident géologique, la faille de Cadillac, recelait tous les trésors de la terre, de Rouyn-Noranda à Val-d'Or. On ne se fit pas faute d'y puiser à qui mieux mieux, d'une internationale à l'autre. Avec le résultat que l'Abitibi-Témiscamingue, d'abord agroforestière, devint minière dès ses premières années avec les Blancs et pour le restant de ses jours, les années amérindiennes continuant, pour un temps, d'être au poil et à la peau, *Pro pelle cutem*, selon la devise de la Compagnie des Cent-Associés, vieille de trois cents ans et morte d'autant ou quasi presque.

Ici et là, quelques routes flirtaient avec l'Ontario, mais c'est le train qui amena le Québec en Abitibi et c'est le train qui amena les richesses de l'Abitibi au Québec.

Le train !

C'est pourquoi je suis dedans aujourd'hui. Pour voir comment c'était. Pour voir comment c'est encore.

***

À La Tuque, le wagon se remplit quasiment aux trois quarts. Des jeunes pour la plupart et je ne comprends pas très bien. Je comprendrai à Parent quand le wagon se videra presque et je verrai l'effervescence de cette ville perdue dans les bois, mais avec encore du monde qui se lève, qui travaille, qui étudie, qui joue et qui sort, vers La Tuque ou vers Senneterre, pour s'amuser, pour acheter, pour s'assurer que le monde est encore le monde.

Sur la banquette que Mélodie a quittée, un grand efflanqué s'installe, enlève ses bottes, range ses bagages, s'étend tout du long et dormira comme un ange. Si je l'envie! Avant Parent, le chef de train lui passera la main dans les cheveux et lui dira : « Réveille, Pitou!» Il se réveillera, se chaussera et je le verrai courir dehors entre les autos, s'affairant à mille tâches auxquelles je ne comprends rien.

Mais nous ne sommes pas rendus à Parent. En quittant la gare de La Tuque, le train fonce dans le paysage avec une audace quasiment centenaire, mais toujours nouvelle. La poudreuse dérangée virevolte en arabesques et en volutes sur fond d'épinettes, de collines et de lacs.

Les yeux grands ouverts sur cet interminable paysage de bosselures précambriennes, je réalise dans ma tête et dans mes fesses la dramatique histoire de ce chemin de fer vieux de quasiment cent ans. Ça n'est pas d'hier que le génie humain fait des merveilles. Je pense soudain à l'aqueduc romain de Nîmes, tellement plus élégant et plus fragile que les pyramides. Je pense aussi à l'exploit du chemin de fer à travers les Rocheuses.

Mais ici, ce n'est pas rien non plus.

Maintenir l'horizontale ou à peu près pendant quatre cents kilomètres à travers une pléthore d'embûches invraisemblables, avec un viaduc qui courbe par ici autour du lac, un tunnel par là qui enfile sous la colline et des ponts, des ponts et des ponts au-dessus de l'eau qui nous entoure de partout! L'histoire non écrite veut qu'il y ait un cadavre à tous les kilomètres sous les rails et je n'en doute guère. Travailler à construire cette voie ferrée en 1912, 1913, 1914, à travers les tourbières, la chaleur et les maringouins! Quel exploit à la gloire des nôtres!

En même temps que l'on construisait le pont de Québec. Mais on n'en parle pas pour la bonne raison que tout le monde passe près du pont de Québec et qu'à peu près personne ne prend le train pour se rendre de La Tuque à Senneterre ou l'inverse.

Personne? Non pas. Le wagon à bagages est là pour en témoigner. Sur ces quatre cents kilomètres, on ne compte plus les pourvoiries et tout un chacun peut y embarquer son canot, son VTT, sa motoneige, sa tente et sa belle-mère pour aller camper parmi les truites, les orignaux, les ours et les maringouins à longueur d'été ou parmi les blanches rigueurs hivernales.

J'ignore si le wagon à bagages prend également les chiens, mais je sais que les Français, nombreux s'il vous plaît, ont place avec le vrai monde en toutes saisons.

Premier hameau, le Rapide-Blanc, Aouiniahan! Salut, monsieur Oscar Thiffault, et paix à vos vieux os, vous qui avez fait chanter tout le pays sur un rigodon imparable.

La bonne femme y a demandé ce qu'il voulait
Ait
Ce qui souhaitait
Ait
Ah! J'voudrais ben madame
J'voudrais ben… en entrer
Ah! ben a dit entrez donc ben hardiment
Mon mari est au Rapide-Blanc
Y a des hommes de rien qui rentrent et pis qui rentrent
Y a des hommes de rien qui rentrent et qui font rien
Hein
Aouiniahan han! Aouiniahan han! *

---

* Oscar Thiffault, *20 grands succès d'hier*, CB 37007, MCA RECORDS (CANADA), 1974.

Et le train continue à sinuer pendant des heures et des heures, très exactement sept, de La Tuque à Senneterre. Je regrette évidemment de n'avoir pas apporté un tricot, mais je regarde dehors. Je regarde longtemps et je m'imagine en colon, quatre-vingts ans plus tôt. J'ai vu des photos un peu partout. Il y en a un qui arrive avec une boîte de carton et un chat dans les bras. Il y a un couple où la femme a un marmot dans les bras et un regard éperdu sur l'appareil photo. Le mari, à côté, tient deux bambins par la main et on dirait qu'ils n'ont pas envie de jouer. Et cette autre, sur fond de rails et d'épinettes, où le mari et la femme se tiennent par l'épaule et nous regardent en riant.

Les collines sont sans doute ce qu'elles étaient, à peu de choses près. La neige était la neige et les épinettes itou.

Le train m'emporte à travers tout ça comme à travers un rêve. Ou un livre d'histoire. Le soleil, haut à gauche, colorie la page avec les ombres nécessaires. Dans ces solitudes, le train est une réalité incroyable. Autour de moi, on dort, on placote, on fait silence. Le train traverse le désert blanc, vert, bleu et noir. C'est normal et ne pose surtout pas de questions, mon petit maudit.

Jusqu'à Parent.

Là, mon ami, il y a du tintouin.

Ça débarque, ça jase, ça court à gauche et à droite jusqu'à n'en plus finir. On dirait qu'une soucoupe volante vient d'arriver, mais ce n'est que le train. Il repassera demain en sens inverse et on s'énervera pareil, mais ce n'est que le train.

L'usine fume en très gros blanc sur pas mal gros bleu.

Et Tchou! Tchou! on repart.

Ah! mais là, la dévastation nous saute en pleine

197

face. Sur des kilomètres et des kilomètres, de Parent à Oskélanéo, la forêt squelettique nous regarde passer. Un incendie de forêt est passé quelques années avant nous et il ne reste rien que ces piquets noirs plantés partout dans le paysage, à perte de vue, dans les ravins, sur les montagnes. J'aurais cru que le feu bouffait tout, mais non. Il est trop pressé. Il bouffe les feuillages et passe son chemin. Les arbres restent debout comme des soldats morts les yeux en l'air. Par milliers. Sur des kilomètres et des kilomètres que le train zigzague un peu nonchalamment, comme en pleurnichant un quelconque ennui.

Le soleil était haut, mais il tombe. J'en ai bientôt plein la fenêtre et il me dit de baisser la toile. Ce que je fais. Je vois encore les épinettes, tout de même. Les épinettes et la glace sur les lacs. L'eau vive ici et là au coude de quelque rivière.

Tiens, Clova. Il y avait une station de recherche biologique ici jadis et naguère. Mon frère y microscopa les pupes de la mouche à scie du pin gris pour enrayer ses dégustations, dans la mesure du possible. Peine perdue, crois-je. Nous faisons un stop et le monsieur de la gare Jean-Talon descend. Une motoneige l'attend dans l'après-midi qui s'étire et nous repartons.

Le soleil tombe encore plus. Il est tout rouge et il rougit la neige. Le train a beau foncer dessus, il se sauve à même l'horizon.

Il fait noir.

Il fera noir pendant deux heures encore.

Noir comme chez le loup, et je crois que nous sommes chez le loup. Mais le train lui a fait peur et le loup ne se montre pas. On n'entend rien du tout. Sauf le train. Le train et les colons de 1914, de 1934, le train de tous les déplacés, de tous les espérants du monde, le train qui se faufile d'épinette en épinette et qui dit :

j'arrive. Le train qui a fondé l'Abitibi avec ceux qui étaient dedans.

S'assoupir. Essayer de dormir au bout de cette épopée.

Non.

Le chef de train passe dans la ruelle avec un sourire large comme le croissant de lune qui flotte à la fenêtre.

– Dix minutes! Dix minutes, qu'il dit.

Je crois que nous sommes quatre, quatre à remettre tuque et mitaines. Je me remue un peu les fesses sur mon siège et que vois-je? De la lumière. Ou des lumières. Oui, plein de lumières dans la nuit noire. C'est Senneterre. C'est l'Abitibi.

Je suis un colon.

Je débarque.

32

La chanson de l'Abitibi

Da dul da du da du da dul dan dan
Da dul da du da du da dul dan dan
Da dul da du da du da dul dan dan
Da dul da du da du da dul dan dan
Da dul da du da du da dul dan dan
Da dul da du da du da dul dan dan

Oui c'est dans notre pays
Qu'il court une maladie
C'est pas qu'elle est contagieuse
Mais elle est fort ennuyeuse
C'est que tout le monde est pris
D'la maladie de l'Abitibi

Da dul da du da...

Cette chanson dérision, dite traditionnelle, est moins une charge qu'une caricature de l'état de la colonisation peu après ses débuts. Yves Albert* l'a reprise

---

* Yves Albert, *Écoutez je vais vous chanter*, 1976, Tiffany, TY-200.

avec un immense brio au cours des années 1960. La hanche, le genou et la cheville ne résistent pas à l'entrain de la turlute qui accompagne chaque couplet.

C'est un homme de notr'entourage
Qui a fait le plus beau voyage
Il est parti pour toujours
Il est r'venu au bout d'quinze jours
Raconter à ses amis
C'qu'il pensait de l'Abitibi

Da dul da du da...

Elle illustre évidemment les premiers désenchantements de colons qui s'attendaient peut-être à trouver le paradis terrestre, colons souvent recrutés à la seule volonté, avec un minimum de, ou sans, critères de sélection.

Y nous dit que pour récolter
On n'a pas besoin d'semer
Mais quand y parle de c'qui pousse
Y dit que c'est rien qu'd'la mousse
Et quelques sapins pourris
Qui poussent en Abitibi

Da dul da du da...

Ce couplet et les autres situent la composition de la chanson entre le début de la colonisation et les années 1930, car il n'y est fait aucune allusion à l'industrie minière.

Mais avant qu'il se fasse trop tard
Il était déjà rendu aux chars

Et tout en se plissant l'bec
Il est rev'nu à Québec
Raconter à ses amis
Son voyage en Abitibi

Da dul da du da...

Oui, quand on revient après avoir baisé le cul de la vieille, comme on dit à la pêche, mieux vaut en rire soi-même que faire rire de soi.

Y dit qu'à propos d'c'grand bois
Ça n'est rien de bien extra
D'après ce qu'il a pu voir
C'est d'la p'tite épinette noire
Et quelques sapins pourris
Qui poussent en Abitibi

Da dul da du da...

Ce couplet n'est qu'une redite par un auteur en manque d'inspiration.

À propos de cette chanson
Ell' nous vient d'un bûcheron
Tout en charriant d'la gravelle
Avec son pic et sa pelle
Il décrit tous ses ennuis
Dans la chanson de l'Abitibi

Le propos n'a jamais volé très haut, mais ici il tombe à pic et, comme depuis les tout premiers débuts, c'est la brillante turlute qui emporte le morceau.

33

La p'tite Laramée

Anne-Marie Laramée a vingt-deux ans en ce mois d'août 1938 et elle s'apprête à renouveler son contrat d'enseignante avec la commission scolaire de Saint-François-du-Lac, non loin de Nicolet. C'est le bonheur total. Elle est née et a grandi à Saint-François-du-Lac. Elle a fait de bonnes études pour obtenir son brevet d'enseignement et voici que, depuis quatre ans, elle enseigne à l'école voisine de la maison familiale. La seule ombre au tableau : des conditions de travail plutôt minables et un salaire de 80 $ par année. Aussi s'est-elle hâtée de s'inscrire dans « l'Alliance », mouvement fondé par Laure Gaudreau pour améliorer le sort des institutrices rurales.

À cette époque, elles étaient engagées pour l'année scolaire seulement. Leur contrat se terminait en juin et elles devaient se présenter fin août, début septembre pour renouveler leur engagement. Or, voici qu'en ce mois d'août elle rencontre le curé dans la rue et celui-ci lui demande :

– Qu'est-ce que tu vas faire en septembre ?
– Je vais retourner à l'école !
– Je pense qu'ils ne te reprendront pas.

Tiens, tiens ! Elle se hâte de prendre contact avec la commission scolaire pour signer son acceptation d'un nouveau contrat et le secrétaire lui apprend que les commissaires refusent de la reprendre. Ses relations syndicales et ses pressions pour une augmentation de salaire ont fait scandale aux yeux des hautes autorités de la place, cultivateurs de patates et trayeurs de vaches laitières. Ça se dit dans la place :

– La p'tite Laramée est devenue communisse !

La p'tite Laramée est déçue mais pas braillarde. Elle épluche les journaux, elle envoie des demandes d'emploi à gauche et à droite, elle oublie tout ça et s'achète des poulets pour se lancer dans l'élevage.

Janvier arrive et qu'est-ce qui arrive avec lui ? Une lettre du département de l'Instruction publique. On a reçu sa demande, on a procédé à quelques vérifications et on lui offre 300 $ par année pour aller enseigner en pays de colonisation. Rien de moins que le pactole.

Elle ne réfléchit pas longtemps avant d'accepter et la voici bientôt prête à partir pour Saint-Clément-de-Beaudry, dans le canton de Montbeillard au Témiscamingue. À Montréal, elle descend chez sa cousine Simone, et son oncle Edmond lui dit :

– Tu vas avoir fret, ma fille !

Sans la consulter, il lui achète un casque et des mitaines « de poil ». Le lendemain, elle monte à bord du train qui mettra presque vingt-quatre heures avant de la laisser à Rouyn-Noranda.

– Il était toujours arrêté, dira-t-elle.

À la descente du train, un beau jeune homme de vingt-quatre ans l'attend avec sa mère et son cheval. Le curé Dumas, agent du DIP à Beaudry, a en effet délégué Euclide Rivard et sa maman Théodora pour aller chercher mademoiselle Laramée et la ramener dans ses nouveaux quartiers. En réalité, son choix s'était porté sur Pit, un vigoureux cheval noir capable de faire la trotte jusqu'à Rouyn-Noranda et d'en revenir dans la même journée. Il allait de soi que son maître l'y conduise et Théodora allait souhaiter la bienvenue de la paroisse tout en assurant un discret chaperonnage, car il n'était pas convenable de laisser des jeunesses de vingt-quatre et vingt-deux ans, dont une parfaite inconnue, voyager seul à seul sur un aussi long trajet.

La maîtresse d'école était fort attendue et on multiplie les attentions pour la mettre à l'aise dès les premiers jours tandis qu'elle fait son installation à l'étage de la petite école des rangs I et II dont la construction est à peine terminée. La population de Beaudry est soulagée. Elle s'est déjà formée en coopérative pour fournir le bois de chauffage, et la p'tite Laramée n'aura qu'à dire à ses élèves :

– La semaine prochaine, ce sera au tour de ton père.

Tout baigne dans l'huile, surtout qu'il n'y a pas de commissaires, seulement le curé qui a tôt fait de mesurer son dévouement et ses compétences. Les réunions de parents, amicales et informelles, ont lieu après la messe dominicale au magasin général géré par un dénommé Réal Caouette. Aux enfants qui sont présents, la maîtresse d'école paye la traite «aux biscuits».

Elle est très d'arrangement, l'a toujours été et le sera toujours.

Dans son école à multiples divisions, les cours se donnent de 9 heures à midi et de 13 à 16 heures, mais, pour ne pas retarder leur apprentissage, mademoiselle Laramée recevra de 8 h 30 à 10 h les enfants de neuf à douze ans qui doivent temporairement aider à la maison : récoltes, semences, arrivée d'un bébé…

Chose imprévue, un nouveau personnage entre dans sa vie et un personnage important au Témiscamingue : l'ours. Le jour, les cris des enfants l'éloignent de la petite maison d'école, mais, la nuit, elle croit l'entendre gratter à la porte. Pour le chasser, lui dit-on, rien de tel qu'un bref concert de chaudrons et de poêlons. Et pour la convaincre que l'ours fait partie de leur vie, on lui offre une charcuterie plutôt spéciale, de la «tête fromagée d'ours». Elle n'en mangera jamais, tout en remerciant et en affirmant que c'est délicieux.

Quelques millénaires plus tôt, les glaciers en retrait ont déposé dans la cour de l'école un bloc erratique de plus de deux mètres de haut et d'un diamètre équivalent. À la récréation, les enfants tournent autour, grimpent dessus, sautent en bas et n'en finissent plus d'inventer des jeux avec «la grosse roche».

La p'tite Laramée terminera son année scolaire et reviendra à Saint-François-du-Lac pour les vacances. De retour à Beaudry pour l'année 1939-1940, elle mettra son vélo à bord du train pour agrandir un tant soit peu son territoire d'exploration, mais elle a beau faire, le Témiscamingue n'arrête pas d'être loin. Elle, si heureuse de s'éloigner des commissaires de son village, se sent prisonnière de ce sacré train et voudrait tout de même se rapprocher un peu des chemins de son pays. Elle fera ses adieux à Beaudry en juin 1940 et, en septembre, enseignera plutôt à Brébeuf, près de Saint-Jovite, toujours en pays de colonisation. En septembre 1941, elle reviendra dans son comté de Yamaska pour enseigner à Saint-Gérard, pour bientôt marier Germain Gauthier et pour élever ses enfants à Saint-Elphège, où la maison familiale devient vite une garderie, une maternelle et une école primaire.

***

Le stage en pays de colonisation a beaucoup marqué la p'tite Laramée, et les enfants Gauthier en

ont entendu parler pendant toute leur enfance. Le 4 juillet 1995, leur mère aura soixante-dix-neuf ans et, c'est décidé, ils l'emmènent à Beaudry pour revoir les lieux de sa lointaine aventure. Le 6 juillet, l'auto tourne en rond dans un village où maman ne reconnaît pas grand-chose, surtout pas son école, démolie depuis longtemps, quand son gendre s'exclame soudain :
– Oh! La grosse roche!
– C'est ici! C'est ici!
Les Beaumier, qui habitent la maison voisine, sont absents ce jour-là. La p'tite Laramée laisse une note à tout hasard et on se dirige vers la bibliothèque municipale où l'on apprend qu'Euclide Rivard demeure maintenant à Rouyn-Noranda. À la fois émouvante et interminable, la rencontre brasse bien des souvenirs et met pas mal de brume dans les yeux.

Le 1er août suivant, la p'tite Laramée reçoit un interurbain de Sault-Sainte-Marie. Qui ce peut bien être? Nul autre que Martial Beaumier, soixante-sept ans, qui salue chaleureusement sa première maîtresse d'école.

***

Le samedi 18 octobre 2003, le glas sonne pour les funérailles d'Anne-Marie Laramée, décédée à quatre-vingt-sept ans, et le convoi funèbre se dirige de Pierreville à Saint-Elphège dans l'apothéose rouge et or de l'automne après une apothéose plus discrète et plus étonnante encore. Des lettres et des appels téléphoniques sont venus de partout pour saluer la maîtresse d'école à la délicatesse et au dévouement sans pareils.

Quelques-uns de ces témoignages venaient, comme par hasard, de Saint-Clément-de-Beaudry au Témiscamingue.

34

Louisa Bonheur

Les marginaux peuvent être bien fatigants. Nous en connaissons tous qu'il ferait bon écorcher vifs, surtout quand, frustrés à la gomme, ils cultivent leur marginalité avec un sadisme éhonté pour faire damner les gens de leur milieu. Ils peuvent également être fort amusants quand, heureux de ce qu'ils sont, sans prétention sur le reste du monde, ils vont leur petit bonhomme de chemin avec opiniâtreté dans le respect des autres. Louisa Nicol en sait quelque chose, qui dit : «Avec mes excentricités, je sème le bonheur autour de moi. Je me dis : ça les désennuie et ça leur fait plein de choses à raconter.»

Élève à l'École des beaux-arts de Québec, elle fabriquait ses propres vêtements, par économie et fantaisie, renouvelant la rigolade de ses collègues à chaque nouvelle création.

Employée à Radio-Canada pour peindre des faux Borduas, des faux ceci, des faux cela quand le scénario exigeait un quelconque tableau, elle fit partie d'une équipe de hockey avec ses collègues et leur disait plaisamment: «Ma place favorite, c'est dans les douches.»

Pour les médias, elle fait encore du dessin à la cour lors de procès retentissants, «mais ça manque de criminels de ce temps-ci», dit-elle.

Elle a donné des cours de dessin à l'Université du Québec à Montréal et elle en donne encore aux bédéistes à l'Université du Québec en Outaouais.

Pour tout dire, elle dessine comme elle respire et ça n'est pas d'hier.

– Je n'étais pas l'élève la plus brillante de la classe. J'étais distraite car je dessinais tout le temps. Je n'écoutais pas beaucoup la leçon de français ou de mathématiques. J'écrivais des romans et je les illustrais. Ça a été comme ça jusqu'en huitième année.

– On ne vous disputait pas?

– Non. On me rappelait à l'ordre. J'étais simplement dans la lune. Aujourd'hui, on dirait que j'étais en déficit d'attention parce que, aujourd'hui, tout est maladie, mais moi, j'étais simplement dans la lune! Pas le vendredi après-midi, par exemple. Cet après-midi était consacré au dessin et là, je brillais de tous mes feux. Mes compagnons et compagnes me donnaient même des contrats de fin de semaine pour terminer leurs dessins afin d'obtenir de meilleures notes. On me payait en tablettes de chocolat et autres petites choses.

– Et le dessin a commencé comment?

– Je devais avoir cinq ans et je disais à mon père: «Dessine-moi un coq. Dessine-moi une vache. C'était un simple cultivateur mais il dessinait très bien, seulement pour moi. Il n'avait pas d'ambition de ce côté-là. Ensuite, je refaisais le dessin.

«Quand j'allais garder mes petits voisins le soir, je leur faisais des dessins, des chevaux, des coqs, des chats, des fantômes. Ils allaient se coucher avec plein de dessins sous leur oreiller.»

Nous sommes à Palmarolle en 1949. Elle demeurait à trois fermes du village et se rendait à l'école à pied avec voisins et voisines. L'hiver, quand il faisait trop froid, son père attelait le cheval à la ouaguine dans laquelle il y avait une couverture et, le long de la route, les enfants sautaient dedans au fur et à mesure.

– Arrivés à destination, nous étions bien une douzaine.

«Il n'y avait pas de cheval pour le retour. On traînait au village. J'étais plutôt courailleuse, si l'on peut dire, et j'arrivais à la maison à six heures moins cinq pour ne pas passer en dessous de la table.»

À douze ans, Louisa Nicol a un choc. Elle dessine des chevaux depuis sept ans déjà. Autour d'elle, les chevaux sont de tous les travaux, de tous les déplacements. Elle les a étudiés de près, calculant la longueur de la tête, la comparant au poitrail, à la longueur des pattes, du corps, examinant bien le paturon pour connaître toutes les proportions. Et voici que dans le numéro de *Sélection* – décembre 1955, elle s'en rappelle – il y a une illustration, *Le Marché aux chevaux*, et un article sur la peintre Rosa Bonheur. Cette grande dame de la peinture française ne la quittera plus. Elle cherche, elle veut en savoir davantage et elle découvre que la dame était plutôt excentrique, qu'elle avait un permis de la police de Paris pour s'habiller en homme et aller peindre les bestiaux aux halles. La marque sera indélébile.

Elle sera pensionnaire un an, à Amos, pour terminer sa douzième scientifique qu'elle ne terminera jamais. La titulaire, sœur Denise Sainte-Marie, devine que c'est inutile et elle lui permet de passer tout son temps au dernier étage, à l'atelier d'arts plastiques.

Les souvenirs abitibiens de Louisa Nicol sont le bonheur lui-même.

Ses parents étaient venus, enfants, avec leurs pères et mères, de Saint-Luc et Sainte-Germaine de Dorchester. Par sa mère, la famille était apparentée à Jos-D. Bégin, le célèbre organisateur électoral de Maurice Duplessis, et cette maman était tout un numéro elle aussi. Encore fille, elle travaillait à La Sarre et, dès sa première paye, elle s'acheta un piano qui arriva par le chemin de fer. De là, il fut mis à bord de «la punaise à Bégin», une barge qui, en l'absence de chemins, assurait tous les transports entre La Sarre et Palmarolle : mobilier, poches de patates, poches de sucre et piano à l'occasion. La barge descendait la rivière La Sarre jusqu'au lac Abitibi et s'engageait ensuite dans l'embouchure de la rivière Dagenais qu'elle remontait jusqu'à Palmarolle.

Souvenirs encore, ses petites chicanes avec les futures célébrités de la place, les Clément Godbout, devenu vice-président de la Fédération des travailleurs du Québec, et Rogatien Vachon, un des plus fameux gardiens de la Ligue nationale de hockey qui a donné son nom à l'actuel aréna de Palmarolle.

– Ils prenaient trop de place sur la patinoire. Nous autres, les filles, on voulait patiner et jouer au hockey, aussi.

Elle raconte tout cela et bien d'autres choses dans *Souvenirs d'enfance à Palmarolle*, publié à compte d'auteur en 2001, livre dans lequel elle dit réunir la diaspora de son village.

Admise à l'École des beaux-arts de Québec après sa douzième «artistique», elle s'ennuiera de l'Abitibi pendant trois ans et retournera s'y acheter une ferme en 1973, à Palmarolle toujours, à quinze minutes de marche du lac Abitibi, «et je vois la plage de ma fenêtre». Une maison qu'elle a restaurée – «pas rénovée» – comme une maison de colon et qu'elle a recouverte de bardeaux de cèdre, «mon matériau préféré».

La grange, par contre, a été rénovée et convertie en atelier devenu, depuis 1984, l'école... Rosa-Bonheur, où des vacanciers vont, l'été, suivre des cours intensifs dans toutes sortes de disciplines liées aux beaux-arts. Dans le village même, la galerie Sang-Neuf Art, propriété de la même Louisa Nicol, expose les travaux de ces divers ateliers. À l'occasion du vingtième anniversaire de la galerie en 2004, cent dix personnes se sont réunies pour un déjeuner sur l'herbe, en plein village.

Louisa Nicol parle de sa petite patrie avec une éloquence émouvante.

– Palmarolle, c'est de l'air, de l'air extraordinaire. Des cieux extraordinaires et un éclairage très spécial, l'éclairage du 48e parallèle, le même que Paris. Vous vous rendez compte, nous avons la même lumière que Paris.

«Ma maison est entourée de peupliers baumiers, le liard, comme on dit chez nous. Et l'odeur des peupliers baumiers, ça ne se dit pas. Je ne comprends pas qu'on n'en ait pas fait un parfum commercial.

«Vous savez, l'Abitibi est victime de préjugés qui ne sont pas morts. Les gens sont allés là au moment de la crise et ils sont tombés dans la forêt, les marécages et les moustiques. Ceux qui n'avaient pas le talent ou le tempérament aventureux ont été incapables d'assumer ce pour quoi ils n'étaient pas faits. Ils sont revenus en disant que c'est la faute de l'Abitibi. Ça n'a pas de bon sens.

«Ceux qui avaient la carrure et le tempérament sont restés là-bas et n'ont jamais pu venir dire à

Montréal et à Québec que c'était extraordinaire. Ils sont restés en Abitibi et c'est un secret bien gardé que l'Abitibi est extraordinaire.

«Ceux qui ont fait un échec sont venus dire que c'était épouvantable et ça ne s'est jamais su que c'était extraordinaire.

«Le côté extraordinaire de l'Abitibi reste à découvrir.»

Ses terres sont laissées en fermage au voisin à condition qu'il sème une acre de tournesols tous les ans.

– Pour le plaisir de l'œil et pour la joie de voir les oiseaux. C'est un cadeau que je leur fais et que je me fais. Un cadeau pour les apiculteurs des alentours car le champ est toujours plein d'abeilles. Quand le cheval passe là-dedans, on ne lui voit que la tête. Et je ne récolte pas. Les oiseaux viennent manger.

Palmarolle lui doit une belle initiative. Pour son soixante-quinzième anniversaire, conseil municipal à l'appui, elle a obtenu une subvention gouvernementale pour doter tous les édifices publics de girouettes, trente en tout. On devine le motif dans ce village agricole : cheval, vache, coq, mouton, cochon. Quatre-vingts particuliers ont emboîté le pas à leurs frais.

Louisa Nicol passe quatre mois par année dans son paradis lointain.

– Pas lointain. La route n'existe pas pour les gens de l'Abitibi. Venir veiller à Montréal et rentrer dans la nuit, c'est courant.

Pour elle, cela se fait dans une Citroën de trente-cinq ans, bien entretenue, qui maintient encore son 120 km/heure.

Quatre mois pour elle, c'est bien peu. Ce sera bientôt six mois et ensuite… Pour l'instant, son atelier Ars Longa la retient avenue du Mont-Royal dans la métropole, car Louisa Nicol est une workaholic qui dort éveillée, je crois.

Et la petite fille n'a jamais cessé de dessiner, avec une passion constante pour les chevaux, sauf qu'ils sont maintenant grandeur nature et dessinés entièrement aux crayons de couleur, les bons vieux Prismacolor. Combien de crayons dans un cheval ?

– Pas tant que ça. Maximum quinze.

Ces chevaux sont de toutes ses expositions, y compris, sans doute, dans la galerie Sang-Neuf Art, 109, rue Principale à Palmarolle, évidemment, et, simple coïncidence, dans ce pays où les chevaux sont presque tous disparus, la galerie loge dans l'ancienne boutique de forge où ils allaient tous tendre la patte au forgeron une ou deux fois par année.

35

Le taxi

Il faut remercier le ciel des faveurs qu'il nous fait, surtout dans l'adversité.

Arrivé à Senneterre hier soir après douze heures de train, j'ai mal dormi et je me sens tout à l'envers.

Il tombe une neige fine et je n'ai comme pas le goût de faire du tourisme piétonnier dans la ville.

J'ai le goût de quoi, donc?

De pas grand-chose.

Il est sept heures et l'autobus qui m'emmènera à Val-d'Or partira à 14 h 30.

Que faire de tout ce temps?

Et si je prenais un taxi?

– C'est quatre-vingt-cinq dollars, me dit la dame du motel où j'ai créché. Si seulement je connaissais quelqu'un qui doit aller à Val-d'Or ce matin. Mais non. Toi, Marie?

Marie fait signe que non.

– Êtes-vous un monsieur à la retraite qui prend des vacances par ici?

– Pas précisément.

Moi habituellement si avide de causer avec les gens de la place et d'écouter leurs propos, je n'ai pas la moindre jasette ce matin. Je déjeune et je suis un peu perdu dans mon café, dans les flammes du foyer qui dansent joyeusement devant moi dans la salle à manger. Une petite dame me parle du temps qu'il fait et de ses enfants qui sont au cégep à Montréal.

– Les cours vont finir bientôt. Ils sont à la veille de revenir.

Je n'épilogue pas sur le sujet et je regagne ma chambre.

Il neige de plus en plus sur l'Abitibi et sur le monde.

Bon! Ce sera un taxi, me dis-je sur un ton confidentiel.

Je téléphone et un monsieur me répond. Je l'appellerai Gaspard, comme Gaspard de la nuit d'Aloysius Bertrand. Il me dit que ça va me coûter quatre-vingt-quatre piastres et qu'il va me signer un reçu. Je lui réponds que je l'attends à la réception du motel Senabi et mes deux sacs de voyage sont déjà sur le palier tandis que je regarde la neige tomber.

Ne le voilà-t-il pas qui arrive, chapeau Tilley sur la tête, la soixantaine avancée, sourire en coin.

– Si c'est tout ce que vous avez comme bagage, on va pas ouvrir le coffre pour ça.

Et envoye sur la banquette arrière.

Moi aussi.

– Votre ceinture?

– C'est fait, monsieur.

– Je vous signe votre reçu.

– Et moi je vous paye.

– Quatre-vingt-cinq dollars. Je vous en dois un.

– Non, monsieur. Gardez-le.

Je ne sais plus comment cela a commencé, mais, de mémoire, je transcrirai le monologue que je me suis bien gardé d'interrompre, sauf par des «oui», des «non», des «bien sûr», des «et comment!» ainsi que par de brèves questions ici et là.

– Vous avez l'air magané.

– Je suis un peu fripé. Arrivé de Montréal hier par le train. J'ai mal dormi et je me ramasse tranquillement.

– J'aime bien Montréal mais je resterais pas là. Je suis né icitte à Senneterre et je reste icitte à Senneterre. Je suis bien icitte. Avec mes deux chiens et mes deux chats. J'ai voyagé pourtant. Guatemala, Floride, mettez-en. C'est bon pour un boutte, mais je reviens toujours. C'est icitte que je suis bien. La paix, monsieur. La paix!

«Moi, j'étais navigateur à bord des avions de brousse. Tout le nord du Québec, monsieur, pas de secrets. Tout vu. Allé partout. C'est quand j'ai pris ma retraite que j'ai décidé de faire du taxi pis j'vous dis que j'en viraille un coup. Des fois, je suis parti pour vingt-quatre, quarante-huit heures. C'est mon berger allemand qui garde la maison. Il reste dehors. L'autre est un toutou qui reste dans la maison avec mes deux chats.

«Là, je vous emmène à Val-d'Or. Une affaire de rien. Quarante-cinq milles. Quarante-cinq minutes. Mais quand j'ai un *call* pour Parent en pleine nuit, c'est du sport.»

– De Senneterre, comment allez-vous à Parent? Il n'y a pas de route.

– Je descends à Mont-Laurier, trois cents milles, et là je remonte par les chemins de bois. Trois cents autres milles. De la gravelle et des camions dans la nuit noire.

– Mais, monsieur, ça me coûte quatre-vingt-cinq piastres pour quarante-cinq milles. Qui a les moyens de vous payer pour en faire six cents?

– Les compagnies, monsieur. Le Canadien National ne garde pas une grosse équipe d'hommes là-bas. Quand il y a un déraillement, et c'est pas rare dans les dégels, ça n'attend pas. Et puis la pas mal grosse usine de sciage qu'il y a là ne peut pas payer des spécialistes à ne rien faire onze mois par année. Elle les fait venir quand le besoin se présente.

«C'est l'affaire d'une journée. Ça se fait bien à condition de faire attention. Nous autres, en Abitibi, on est correct sur le *steering*. On peut *toffer* ça longtemps. Écoutez, je suis allé une couple de fois à Radisson. Une affaire de rien, mais un autre six cents milles.»

– Avec des clients?

– Une fois oui, mais l'autre fois pour le fun. Quand on voyage en l'air comme j'ai fait, on voit bien des choses. Des fois, on veut aussi les voir par terre.

– Entre Parent et Oskélanéo, j'ai été bien étonné de voir une forêt squelettique à perte de vue. Est-ce que c'est la tordeuse du bourgeon?

– Non, monsieur. Le feu. Ils ont eu le plus maudit feu là-bas. Mais le feu court tellement qu'il prend même pas le temps de brûler les arbres. Eille! Un feu de forêt, c'est quelque chose. On voyait ça en avion. J'ai vu un feu de forêt s'allumer drette dessous notre avion lors d'un orage électrique. Allumé par le tonnerre. Non, par l'éclair. C'est toujours comme ça. Des fois c'est des campeurs. Le plus souvent c'est l'orage. Et ça flambe, monsieur, comme vous pouvez pas imaginer. On a toujours des feux de forêt en Abitibi. C'est parce qu'on a des forêts.

– Sur la carte, j'ai vu que nous allions passer à Obaska. Qu'est-ce qu'il y a à Obaska?

– Rien, monsieur. Un dépanneur, quelques chalets et un camping au bord du lac Tiblemont. C'est pas au mois de mars que vous allez voir du monde là.

«La route est belle malgré la neige, hein? Et puis, c'est une des dernières de l'hiver. L'hiver a été long et froid comme rare qu'il m'a semblé. Mais au mois de mars, on le trouve toujours trop long. Un client me disait l'autre jour : "Je suis tellement tanné de l'hiver que j'ai quasiment hâte aux maringouins." Il faut être tanné vrai pour parler comme ça parce que les maringouins ne nous manquent pas eux autres non plus.

– Mais si vous restez à Senneterre, vous les endurez aussi bien que l'hiver?

– Pour sûr. L'été je saute dans mon «camper» avec mes deux chiens et mes deux chats et nous v'là partis pour le bois. Les chiens adorent ça. Les chats, moins. Tant pis, tout le monde en famille comme à la maison.

– Vous n'avez pas d'autre famille?

– Je suis divorcé, monsieur. Tout un divorce. Ma femme a quitté la maison avec notre fille. Ça n'était pas vraiment notre fille ; on l'avait adoptée quand elle avait deux ans. Elle est venue me voir y pas longtemps pour me dire que ma femme souhaitait une réconciliation. Je lui ai dit : «Ma fille, quand ta mère a quitté la maison, est morte!»

«Ouais, tout un divorce! Je lui ai dit : "Fais comme tu veux. Mais penses-y parce que si tu quittes la maison, t'auras jamais une maudite cenne de moi." Les gens m'ont dit que je ferais de la prison. Je leur ai dit : "Guettez-moi aller." Les procédures ont duré deux mois et ça a été fini-n-i-ni. Et j'avais de l'argent, monsieur. J'ai fait ben d'l'argent dans ma vie. Aussi vrai que je vous parle, j'ai déjà eu cent mille piastres dans mes poches. Comme navigateur aérien, j'avais déjà un bon salaire. Et comme j'étais toujours dans le Nord, je me suis mis à acheter des fourrures pour les revendre dans le Sud. C'était payant, mais la fourrure est morte en 1990. J'ai eu jusqu'à quatre hôtels que j'ai vendus.

À ma retraite, j'ai décidé de faire du taxi. Quand je laisse la maison, c'est le berger allemand qui la garde. Oui, monsieur, cent mille piastres. Pas à la banque, là. Dans mes poches. J'ai tout brûlé plutôt que de lui donner une cenne. Mais je me suis toujours occupé de mon gars. Il est aux études dans la Beauce. Il va devenir mathématicien et va avoir une job dès la fin de ses études. Mais il me coûte cher en maudit! Et il ne reviendra jamais en Abitibi. Plusieurs, comme lui, ne veulent jamais revenir. Je comprends pas parce qu'à mon goût on est pas mal mieux icitte qu'ailleurs. Chacun ses goûts, hein! Et c'est sa vie à lui.

«Oui, j'ai tout brûlé et j'ai eu ben du fun. Je me suis bien amusé. La vie, c'est fait pour s'amuser parce que, quand on est mort, c'est pour longtemps. J'espère que vous savez ça, monsieur.»

– Oui, oui!

– C'est fait pour aider les autres, aussi. Ici, en Abitibi, tout le monde s'aide. Oh! Y a ben des chicanes comme ailleurs parce qu'on est en concurrence comme ailleurs. Mais la concurrence est pas ce qu'elle est dans les grandes villes. On n'a pas de trop grandes villes et ce doit être pour ça qu'on est bien. Mais quand un étranger est mal pris, les gens de l'Abitibi ont le cœur sur la main.

«J'm'en vas vous raconter une histoire. Une fois, je ramasse un Français au terminus d'autobus. Il devait prendre le train du lendemain pour Parent et il me demande si je connaissais un hôtel pas trop cher. Je lui ai dit oui en ajoutant que je l'emmènerais pas là. Il avait l'air mal pris et gêné avec ça. Je lui ai dit: "Écoutez, ce que je connais de moins cher, c'est la chambre de mon garçon à la maison. Il est aux études à six cents milles d'ici. C'est pas gênant, je vis seul avec deux chiens et deux chats. Venez voir. Si ça vous convient,

224

tant mieux. Sinon, on est pas pires amis." Ça faisait ben son affaire. Moi, ça me faisait de la jasette. Depuis ce temps-là, on s'écrit deux fois par année.

«Tiens, on est rendu à la 117. À gauche, c'est Louvicourt, Mont-Laurier, Montréal, mais on va laisser faire pour ce matin. À droite c'est Val-d'Or. O.K., patron?

– Parfait.

– Là, on va passer à Pascalis. On verra pas le village parce qu'il est à droite dans le bois. Je veux juste vous dire qu'ici, des deux bords de la route, la forêt a trente ans. Je suis pas un ingénieur forestier, mais c'est facile de vous dire ça parce qu'il y a trente ans il y a eu un terrible feu de forêt ici. Le paysage était exactement ce que vous avez vu hier entre Parent et Oskélanéo. Faut être patient avec la forêt, mais elle repousse pas mal bien, hein?

«Où est-ce que je vous laisse, à Val-d'Or?

– Le motel Forestel, ça vous dit quelque chose?

– Oui, c'est à l'entrée de la ville.

– Écoutez, je ne retournerai pas coucher chez vous à Senneterre, mais il se peut que j'aie un problème. Vendredi, j'ai demandé une réservation pour mardi. On m'a répondu que c'était complet, mais on a pris mon nom et on m'a dit de tenter ma chance au cas où il y aurait quelque annulation. Je voudrais bien que ça marche parce que, demain, je fais une location d'auto juste en face pour me rendre à Rouyn. Pouvez-vous m'attendre cinq minutes et si je n'ai pas ma chambre, on continuerait en ville?

– Parfait. On va laisser les bagages dans l'auto et je vais rentrer avec vous.

Eh non! C'était toujours complet. Alors ce cher Gaspard prit l'initiative de demander au garçon s'il pouvait nous faire des suggestions. Il nous en fit trois sur un bout de papier que Gaspard scruta attentivement.

– C'est parfait, je les connais tous les trois.

Et de retour dans l'auto :

– Je vous laisserai pas à la première place parce que c'est pas très propre. La deuxième, c'est pas mal, mais c'est souvent le rendez-vous des Indiens. Je les aime bien, mais quand ils se mettent à prendre un coup, ça pourrait vous empêcher de dormir avant trois heures du matin. Des fois, on est mieux de payer un peu plus cher pour avoir la paix. On va essayer la troisième et si ça fait pas, on reviendra sur nos pas et on cherchera autre chose.

Ce qu'on fit, sans trouver son troisième choix. Nous allions sortir de Val-d'Or quand il avoua s'être trompé. Il fit demi-tour et revint lentement jusqu'à l'Econolodge sur la 3ᵉ Avenue.

– Voilà, dit-il, je vous accompagne.

Nous entrâmes par la porte du restaurant et je demandai à la dame si je pouvais avoir une chambre pour la nuit.

– Bien sûr, mais la réception est de l'autre côté. Prenez le corridor et je vous y rejoins.

Gaspard ayant tout compris, il ne fit ni une ni deux. Retournant à son taxi, il contourna l'édifice, vint se stationner devant la réception, entra mes deux valises tandis que je remplissais ma fiche d'identification et, me donnant une tape sur l'épaule, il dit simplement :

– Voilà !

Puis, se tournant vers l'hôtesse, il ajouta :

– Prenez-en bien soin, c'est un brave homme.

– Eille ! Eille ! lui dis-je en me retournant. Ne partez pas trop vite ! Qu'est-ce que je vous dois pour ce tournaillage dans Val-d'Or ?

– Rien du tout, mon ami. Bon séjour en Abitibi.

36

Mélodie

Je croyais avoir inventé le personnage de Mélodie pour m'accompagner le long du long chemin de ces récits dans un pays mystérieux et nouveau pour moi.

Or, à ma grande surprise, je n'ai rien inventé.

Mélodie existe bel et bien. Elle s'appelle indifféremment Julie, Marie-Paule, Diane, Rachel et elle a été au cœur de tous mes voyages.

Comme l'ange de Tobie.

Écrire ce livre était un défi pour moi.

Une folie.

Je m'en voulais de l'avoir entrepris mais je ne me serais jamais pardonné de ne pas l'entreprendre, attiré que j'étais par la voix de Samuel de Champlain, je l'ai dit, et par celle de Félix-Antoine Savard. Parmi une documentation multiple et des travaux alimentaires sans nombre, le travail est resté sur ma table pendant quatre années quasiment éternelles.

Un projet inutile, me disais-je presque tous les jours.

Mais sur ma table, il y avait également une photo venue des Médiévales de Duparquet, en l'été

Les Médiévales sont une fête comme il y en a partout l'été dans les villes et villages de l'Abitibi-Témiscamingue, mais une fête bien particulière à Duparquet, une fête costumée où les animateurs empruntent tout ce qu'ils peuvent au Moyen Âge, chants, danses, récits et quoi encore ? Les participants doivent également revêtir une quelconque tenue de la lointaine époque.

Cet été-là, la couturière Sylvie Langevin décida d'habiller sa petite amie de la plus jolie façon qui soit : robe aux épaules bouffantes, col et poignets de dentelle, corselet lacé sous le buste, bijou étoilé sur la poitrine. Un diadème de fleurs coiffait un toupet coupé sur le front et des cheveux tombant sur l'épaule. Mais les yeux alors ! Les yeux et le sourire qui taillait des fossettes dans les joues de cette enfant. Un simple ravissement !

Un photographe passait par là et la petite se retrouva sur la page couverture du guide touristique de l'Abitibi-Témiscamingue pour l'année 2001-2002.

Une enfant.

Elle avait six ans.

Elle en a maintenant onze.

Quatre ans qu'elle a passés sur ma table avec ses yeux profonds et son gracieux sourire.

Cinq ans qu'elle m'a répété tous les jours :

– Continue ! Continue !

Oh ! par-ci, par-là, elle a bien passé quelques jours, quelques semaines enfouie sous d'autres paperasses liées aux travaux alimentaires.

Sans jamais quitter son poste toutefois. Et il suffisait d'un brin de ménage pour qu'elle remonte en surface avec ses yeux, son sourire, pour répéter :

– Continue ! Continue ! Travaille ! Travaille ! Mon père et ma mère travaillent eux autres aussi. Mes grands-parents aussi ont beaucoup travaillé. C'est comme ça que ce pays s'est fait. Si tu veux le raconter, il faut que tu travailles.

Tout ce qu'elle m'a dit d'autre, muette sur ma table !

– Continue ! Continue ! Moi aussi je continue. Je suis d'un pays neuf et on a toujours besoin d'un pays neuf, même s'il est Far West, surtout s'il est Far West.

Au bout du compte, je n'en pouvais plus de la voir, de l'aimer et d'aimer son beau Far West.

Lors d'un récent voyage, j'ai fait des pieds et des mains pour savoir qui elle était, ce qu'elle faisait.

Et j'ai trouvé.

J'ai parlé à sa mère qui ne comprenait probablement pas grand-chose à ma démarche mais qui m'a tout de même longuement parlé de sa fille.

Je ne l'ai jamais rencontrée et je ne la rencontrerai sans doute jamais.

Pour lui dire quoi ? Que c'est probablement elle qui a écrit ce livre ?

– Elle s'appelle Cindy, m'a dit sa mère.

Je l'appellerai toujours Mélodie.

37
L'autobus

La plus âgée a neuf ans, dix ans peut-être.
La plus petite en a six, peut-être sept. Elles sont montées à bord de l'autobus à Mont-Laurier et, sur les deux banquettes voisines, avec tous les grouillements de l'enfance, elles seront un pur ravissement jusqu'à Montréal.

Avant même le départ, la plus âgée accourt soudain auprès du conducteur et lui demande une permission quelconque pour sortir.

– Dépêche-toi, ma belle fille !

Elle sort à la course, revient à la course et s'endort sur sa banquette jusque je ne sais plus où.

La plus petite a choisi la banquette devant celle de sa sœur, ou de sa cousine. Elle s'y étend un moment, bâille, décide d'enlever ses bottines, ouvre son havre-sac, en retire une couverture, un toutou jaune et frisé qu'elle câline un peu et avec qui elle s'occupe pour un moment. Parfois elle me regarde et je la regarde d'un regard si vague qu'elle ne s'en aperçoit sans doute pas. Au fait, les yeux fixés sur elle, je regarde l'Abitibi-Témiscamingue d'où je reviens par un matin

231

plutôt sale qui se cherche entre la neige, la pluie et la brume.

***

À Val-d'Or, il pleuvait des cordes quand l'autobus est arrivé de Rouyn-Noranda et, après Louvicourt, j'ai dû somnoler un peu sur les cent quatre-vingt-trois kilomètres de la réserve La Vérendrye qui se cherchaient dans la brume entre les lacs et les épinettes, car quelques fantômes sont venus me voir.

– Tu as vu de l'or ? m'a demandé Jacques Cartier.

– J'ai vu de l'or, du cuivre et de l'argent.

– Je le savais. Mes hôtes me l'avaient dit au sommet du mont Royal. Ils m'avaient montré les lointaines montagnes, m'avaient indiqué qu'une grande rivière les contournait et, touchant la chaîne d'argent d'un sifflet et la lame de laiton doré d'un poignard, ils nous avaient indiqué que cela venait de là-bas.

– Ils avaient bien raison.

– Tu comprends bien que je n'aurais jamais pu m'y rendre.

– Je comprends bien.

Petit sursaut, le temps de voir que l'autobus se faufile entre des lacs et des épinettes et, dans le demi-sommeil, c'est Champlain qui apparaît.

– As-tu vu des sauvages ?

– On ne parle plus comme ça, monsieur de Champlain. On dit les Amérindiens, les aborigènes ou les Premières Nations.

– En as-tu vu ?

– Oui, j'en ai vu un peu partout, des Algonquins, ceux que vous appeliez indifféremment les Algomme-quins ou les Algoumequins, et j'ai passé trois belles

232

journées avec eux sur la plus longue de leur rivière, celle qui mène à la «mer du Nort qui est salée» et dont ils vous avaient parlé à Tadoussac.

– Et comment vivent-ils?

– Plus ou moins comme les Blancs. Les uns s'en accommodent très bien, les autres moins. Pour eux comme pour les Blancs, c'est un exercice d'adaptation continu.

Champlain n'en veut pas savoir davantage et disparaît entre les bouleaux et les épinettes.

Il ne m'a pas sitôt quitté qu'un vieil ami vient s'asseoir à mes côtés.

– Es-tu allé visiter mes paroisses de Villebois et de Beaucanton?

– Monseigneur Savard! Vous ici? Oh! Que vous allez me disputer! J'ai essayé de m'y rendre et je n'ai jamais pu.

– Pourquoi?

– Je trouvais ça trop triste.

– Comment ça?

– Je pense que j'avais trop roulé, que j'étais trop fatigué ce jour-là. C'était à mon premier voyage. Après La Sarre, la route s'est insérée sans rémission dans la pessière épaisse et il n'y avait rien d'autre à voir, sinon, ici et là, un chemin de traverse avec quelque maison qui semblait abandonnée dans une maigre clairière. Je vous revoyais avec vos ouailles, plein d'espoir dans ces solitudes, et je me suis mis à pleurer. Un peu au-delà de Val-Saint-Gilles, je n'en pouvais plus et j'ai rebroussé chemin.

– Tu n'aurais jamais dû.

– Je sais. Mais il y avait également le fantôme de Blanche Pronovost qui me hantait. Vous ne l'avez pas connue. Une infirmière en poste à Beaucanton. C'est Arlette Cousture qui raconte son histoire dans *Les Filles de Caleb*. Rien de très jojo.

« Vous savez, je ne doute pas que ce soient des villages parfaitement habitables, avec des gens aussi heureux que les autres, qui travaillent, qui s'amusent, qui chantent, qui se trouvent chanceux d'aller à la chasse, à la pêche, mais finalement, je ne voulais pas aller voir. Je pense qu'il m'aurait fallu de la compagnie et j'étais seul.

– Tu as eu tort. C'est du pays plat, du pays sévère, mais c'est du beau pays.

Le cher homme, il allait me répéter ce qu'il me répétait sans cesse dans sa maison de Saint-Joseph-de-la-Rive.

– On a mis une hypothèque humaine sur ce pays et c'est ce qu'il fallait faire.

Je n'allais pas le contredire, tout honteux et confus que j'étais, et il disparut comme il était venu.

À la halte du Domaine, les fantômes disparurent avec le sommeil et les voyageurs descendaient pour se dégourdir les jambes, s'acheter un journal, une boisson, une friandise, un moment d'air frais et d'espace.

N'ayant maintenant pas à me choisir une place, plus qu'à Val-d'Or je fus attentif à l'embarquement. La classe moyenne. Propre, digne, réservée. Les mieux nantis font le long trajet en auto, voire en avion. Les pauvres ne voyagent pas et s'en tiennent à ce que leur offre l'isolement de leurs cantons, car le voyage aller-retour peut facilement coûter quelques journées de travail avec la restauration et l'hébergement.

Faute de lecture, je me mis à étudier l'horaire des autobus. Trois départs de Rouyn-Noranda et de Mont-réal tous les jours, matin, midi et soir. En direction de Montréal, correspondance à Rivière-Héva pour Amos et Matagami ; correspondance à Val-d'Or pour Matagami et Chibougamau ; à Grand-Remous, transfert avec un autre transporteur pour Ottawa. En direction de Rouyn, même option pour Ottawa à Grand-Remous; correspondance pour Chibougamau à Louvicourt; Amos et Matagami à Val-d'Or; correspondance pour La Sarre et North Bay à Rouyn-Noranda. Toujours une halte repas au motel Picardie de Mont-Laurier et des arrêts sur demande à L'Annonciation, Labelle, Saint-Jovite, Sainte-Agathe, Sainte-Adèle, Saint-Jérôme et Laval.

Je m'inventais des voyages compliqués à travers le pays. Ottawa – Chibougamau ou Chibougamau – La Sarre, par exemple, et j'étais fasciné par le réseau. Il y avait des autobus partout à toute heure et je pensai soudainement à l'UQAT. Le réseau était le même. Des attaches directes avec Montréal et des arrêts partout en région. Sauf que l'UQAT transportait de l'information et Maheux Transport, des gens. Souvent l'un dans l'autre, sans doute.

Tous les gens que j'avais rencontrés, je les voyais maintenant prendre l'autobus. Je revoyais des visages, des hommes, des femmes, des enfants. Je revoyais des métiers, mineurs, bûcherons, chauffeurs. Je trouvais cela très bien organisé et j'en étais très content, sauf que j'avais un peu mal à l'Abitibi pour le mal qu'on en dit.

Là-dessus, l'autobus se range contre le trottoir devant le motel Picardie à Mont-Laurier et nous avons trente-cinq minutes pour manger. Un buffet copieux nous attend: salades, charcuteries, potages, pâtés, ragoûts, pizzas, raviolis, macaronis, desserts crémeux, abondance de gâteaux et de biscuits, de quoi saliver longtemps avant de prendre parti…

J'ai choisi une table dans la verrière, et une espèce de costaud à la chemise à carreaux vert et noir demande permission de la partager. Bien sûr, et le voilà parti vers les délices. Il arrive d'abord avec un bouquet de salade, y va d'une crème de légumes, puis de boulettes de veau à la crème et aux nouilles, d'une assiette de raviolis et, finalement, d'une coupe de tapioca encerclée de petits gâteaux. C'est une beauté de le voir manger, absorbé dans un journal comme s'il n'avait rien lu depuis six mois. Il est très beau en plus. Des cheveux auburn luisants, nettement séparés au milieu de la boule, rabattus à l'arrière, attachés d'un bout de corde qui lui laisse une queue de cheval se balançant entre les omoplates.

Nous n'échangerons pas un seul mot.

J'aperçois soudain le chauffeur qui boit son thé seul à sa table et je me précipite sur lui.

– Excusez ma curiosité, mais vous faites ça combien de fois par semaine ?

– Quatre fois. Je couche deux soirs à Montréal et le reste du temps, chez moi à Rouyn.

– Vous aimez ça ?

– J'adore ça. Si on m'offre des spéciaux sur mes jours de congé, je suis prêt à partir pour le bout du monde.

– Mais la température ?

– Ah ! monsieur ! Ça prend une ben grosse affaire pour nous arrêter.

***

Nous voilà repartis avec les petites à bord.

La plus jeune a couché son toutou confortablement sur la banquette et, penchée sur lui, elle semble lui parler ou lui chanter quelque chose. Ensuite, elle s'étend près de lui, l'élève à bout de bras, le ramène sur sa poitrine, s'immobilise un moment, se rassoit, son toutou sur les genoux, et cherche quelque autre chose dans son sac.

Elle est très jolie, coiffée comme ma Mélodie de Duparquet, mais blonde, le toupet sur le front et les cheveux flottant sur l'épaule. Tout mon Far West s'agite dans ma tête, je ferme les yeux pour prévenir l'étourdissement et, sans prévenir, c'est Julien Clerc qui entre en scène pour chanter :

This melody
Is a melody for you
Les gens d'ici ne sont pas plus grands
Plus fiers ou plus beaux
Seulement ils sont d'ici les gens d'ici
*Comme cette Mélodie**

Je me prends à sourire dans mon rêve. Mélodie ne m'abandonne pas en ce dernier voyage. Elle m'accompagne comme en le tout premier. Elle m'aura accompagné tout du long.

Voici l'aînée qui s'éveille au grand plaisir de la petite. De son sac, elle sort un gros cahier, des crayons et se met à dessiner. À genoux sur sa banquette, la petite la regarde.

– Montre-moi, montre-moi !

Elle lui montre le cahier et la petite tend les bras pour l'avoir.

– Prête-moi tes crayons.

La voilà qui dessine tandis que l'aînée met de l'ordre dans son sac. Elle en sort des bonbons qu'elle partage avec la petite et celle-ci, triomphante, lui montre son dessin. L'autre pouffe de rire, lui arrache le cahier qu'elle remet dans son sac et se dirige vers les

---

toilettes au fond de l'autobus. La petite en profite pour tirer le sac sous la banquette et le cacher sous son manteau. Suivront des agaceries et des jeux à n'en plus finir. Elles s'arrachent le pauvre toutou, jouent à la cachette dans les banquettes vides, et, à mesure que les passagers descendent le long du trajet, elles changent de banquette pour se rapprocher du chauffeur, leur gardien et leur ami.

Il me semble que je les connais depuis longtemps. Ce sont les petites sœurs de madame d'Angliers et du pouceux de Ville-Marie, les élèves de la p'tite Laramée, les blondes de Réginald, les petites voisines de Louisa Bonheur, les nièces de Serge Savard et de Rogatien Vachon, les enfants de Marie-Paule et de Monsieur Réal, les filles spirituelles du cardinal et de l'évêque d'Amos. Ce sont les enfants et l'avenir de *Mon beau Far West.*

Les gens d'ici ne sont pas plus grands
Plus fiers ou plus beaux
Seulement ils sont d'ici les gens d'ici
*Comme cette Mélodie**

Montréal, 11 novembre 2004,
en la Saint-Martin

---

* Leclerc, Merlot, Roda-Gil, Étienne, *This Melody*, © Les Éditions Crecelles SA/Édition et Productions Sidonie SA/Tous droits réservés. Avec l'aimable autorisation de Emi Music Publishing France SA – 20, rue Molitor 75016 Paris.

Ouvrages consultés

Abitibi-Témiscamingue, de l'emprise des glaces à un foisonnement d'eau et de vie, 10 000 ans d'histoire, sous la direction de Fernand Miron avec la collaboration d'Anita Royer, Sainte-Foy, Éditions MultiMondes, 2000.

ALBERT, Yves, *Écoutez, je vais vous chanter*, Tiffany, TY-200, 1976.

DESCHAMPS, Hubert, *Les Voyages de Samuel de Champlain, Saintongeais, père du Canada*, Deuxième série : Les classiques de la colonisation 5, Paris, Presses universitaires de France, 1951.

DESJARDINS, Richard, *Et j'ai couché dans mon char*, Éditions Foukinic.

Dictionnaire biographique du Canada, volumes I à XIII, Québec, Presses de l'Université Laval.

FRÉGAULT, Guy, et Marcel TRUDEL, *Histoire du Canada par les textes*, tome I (1534-1854), Ottawa, Éditions Fides, 1963.

GOURD, Benoît-Beaudry, *Le Klondyke de Rouyn et les Dumulon*, Cahiers du département d'histoire et de géographie, Travaux de recherches, n° 3, Rouyn-Noranda, Collège de l'Abitibi-Témiscamingue, mai 1982.

GOURD, Benoît-Beaudry, et collaborateurs, *Itinéraire toponymique de l'Abitibi-Témiscamingue*, Études et recherches toponymiques, Gouvernement du Québec, 1984.

HÉROUX, Denis, Robert LAHAISE et Noël VALLERAND, *La Nouvelle-France*, Montréal, Centre de psychologie et de pédagogie, 1967.

Histoire de l'Abitibi-Témiscamingue, sous la direction d'Odette Vincent, Institut québécois de recherche sur la culture, Québec, Les Presses de l'Université Laval, 1995.

LECLERC, MERLOT, RODA-GIL, Étienne, *This Melody*, Les Éditions Crécelles SA, Édition et Productions Sidonie SA.

MIQUELON, Jacques, *Souvenirs, Une époque – des gens – des événements*, inédit, Mont-Royal, 1984.

MORISSONNEAU, Christian, *La Société de Géographie de Québec 1877-1970*, Québec, Les Presses de l'Université Laval, 1971.

Noms et lieux du Québec, Dictionnaire illustré, Sainte-Foy, Les Publications du Québec pour la Commission de toponymie du Québec, 1994.

THIFFAULT, Oscar, *20 grands succès d'hier*, CB 37007, MCA Records (Canada), 1974.

TOUSSAINT, Franz, *Robaiyat de Omar Khayyam*, traduits du persan, Paris, L'Édition d'art H. Piazza, 1957.

TRIGGER, Bruce, *Les Enfants d'Aataentsic, l'histoire du peuple huron*, Montréal, Éditions Libre Expression, 1991.

Cet ouvrage a été composé en Berthold Garamond corps 12/14
et achevé d'imprimer au Canada en mars 2005,
sur les presses de Quebecor World Lebonfon, Val-d'Or.